沈黙

Silence The Power of Quiet in a World Full of Noise

雑音まみれの世界のなかの静寂のちから

ティク・ナット・ハン Thich Nhat Hanh 池田久代 訳 Hisayo Ikeda

春秋社

SILENCE

Contents

沈　黙

目　次

第3章 雷のごとき沈黙 69

第4章 深く聴く 95

第5章 静寂の力 117

SILENCE
The Power of Quiet
in a World Full of Noise

沈　黙

雑音まみれの世界のなかの
静寂のちから

Introduction

はじめに

世界は不思議に満ちているのというのに、人はいつもしあわせ探しに奔走しています。今ここに生きて、この大地のうえを歩くことが奇跡です。それなのに、人はもっともっと、何かを求めて走り回ります。毎日、美しい世界が片時も離れずに私たちに呼びかけているのに、その声に耳を傾けないのです。

美しいものの呼び声に耳を澄まし、それに応えるためには、沈黙が必要です。心の中に静寂がなければ、心と体が騒音で満ちていたら、美しいものの呼び声は聞こえません。

アタマの中でラジオが鳴り続けています。NST《エヌ・エス・ティー》というラジオです。ノン・ストップ・シンキング（やむことのない考えごと）というラジオです。心が雑音でいっぱいでは、「いのちの声」も「愛の声」も聞こえません。いくら呼びかけられても、耳を傾ける余裕がなければ、心の声は聞こえません。

マインドフルネスは心のなかの雑音を鎮める練修です。マインドフルネスが働いていなければ、心は千々に引き裂かれます。過去の後悔や悲しみにとらわれると、そのときの記憶や経験が呼び覚まされて、その痛みがあてどなく繰り返されるのです。私たちはいともも簡単に過去という牢獄の住人となります。

また、心は未来にも捕われます。先のことを心配したり恐れたりする人は、過去への捕われと同じように、未来の虜にもなるのです。先のことへの心配や恐れや不安もまた、幸せの呼び声をかき消します。未来もまたある種の牢獄となるのです。

現在の瞬間に留まろうと努力するときにも、なぜか気が散って、空虚感をかんじる人がたくさんいます。体のなかが空っぽで、何かこの空っぽ感を満たすものが欲しくなり、なんとかこの状況を変えたくて刺激を求めます。今この瞬間が退屈で、そこに取り立てて面白いものはないと思ってしまうのです。

マインドフルネスは気づきの鐘のようなもので、鐘の音が響けば誰でも立ち止まって静かに耳を傾けます。じっさいに鐘の音や合図が聞こえてくると、周りの騒音や心のなかの雑音に気づいて我に戻ります。鐘の音が聞こえたら、すぐに立ち止まって、出る息と入る息に気づき、沈黙のためのスペースを作りましょう。心の中で、「息を吸いながら、いま息を吸っていると気づく」。マインドフルに吸う息と吐く息を続け、呼吸に集中していくと、身内に飛び交うすべての雑音が鎮まり、過去や未来についてのおしゃべりが止み、物足りないという心の声も鎮まっていきます。

マインドフルに呼吸をすると、ほんの二、三秒のうちに、今生きて、息をしているという事実に目覚めます。ここに、こうして存在している。まさにこのとき、身内の雑音は消えていき、果てしない空間、力強く、えもいわれぬ爽やかな空間が出現します。そのとき、周囲に満ちる美しいものの呼びかけに応えられるのです。「私はここにいる。私は自由。あなたの声が聴こえる」と。

「私はここにいる」とはどういう意味でしょうか。それは「私は今を生きている。本当にここにいる。過去にも未来にも、考え事にも、内部の雑音にも、外部の騒音にも心を奪われてはいない」という意味です。本当に「ここにいる」ためには、考えごとから自由になり、心配事から解放され、恐れや欲求からも解き放たれていなければなりません。しかし実際には、ほとんどの人は「私は自由」と宣言できるほど自由ではありません。これは強烈なメッセージです。あるがままに今を生き、ありのままに聞き、見て、深奥の呼び声に応えられるほど私たちは自由ではないのです。

ともに静まる

今、私は南西フランスのリトリート・センターにいて、みなで「聖なる沈黙（noble silence）」の練修をしています。かんたんな練修です。もちろん話をするときは話しますが、話し以外のことをするとき、例えば、食事をしたり、歩いたり、何か仕事をするときには、そのことに集中してひたすらそれを行います。何かをしながら話をしないのです。これが楽しい聖なる沈黙の練修です。心をすっかり解き放って、心の底から湧き上がる呼び声に耳を傾けます。

最近、僧侶と在家が集まって、みなで草の上で野外の食事をしました。各自が自分の食事を取り分けて、グループに加わって坐ります。みんなで車座を作り、だんだん外側に何重にも大きな輪を作っていきます。一言も喋らずに。

私が最初に坐りました。腰を下ろして、気づきの呼吸を行い、深く静まります。鳥のさえずり、風の音に耳を傾け、麗しい春を楽しみました。私はみなが揃うのを待たないで食べ始めます。二〇分ばかり坐って食事を味わっている間も、仲間が次々に自分の食事をもって車座に坐っていきます。

沈黙の輪がひろがりますが、あまり深い沈黙にはなっていませんでした。もしかしたら、食べ物をとり、お皿をもって歩きながら車座に加わるとき、みなの心が乱れたのかもしれません。わたしはこの様子を静かに観察していました。

全員が腰を下ろすと、もっていた小さな鐘の音を招きました。この一週間、みなで鐘の音を聴いてマインドフルネスの呼吸の練修をしていたので、みんなとてもうまく聴けるようになっていました。マインドフルネスの鐘の音がひとつ響いたあとの沈黙は、さっきとはすっかり違っていました。ほんものの沈黙が訪れたのです。みなが考えることをやめたからです。息を吸うときには入息に集中し、息を吐くときには、出息に集中します。一緒に呼吸をすると、みなの集合的沈黙が力強いエネルギーの場を作ります。このような沈黙は、「雷のごとき沈黙」と呼ぶことができるかもしれません。それは力強く、雄弁ですらあるのです。この沈黙のなかでは、風の音や鳥のさえずりがはるかに生き生きと響きました。それまでは、風や鳥のさえずりが聞こえていても、同じようには聞こえませんでした。これまでの沈黙は今ほど深い沈黙ではなかったからです。

心の中の雑音をすっかり空っぽにするのは、そう難しいことではありません。コツをつかんだら誰でもできることです。聖なる沈黙のなかで歩き、座り、食事を楽しんでください。このような沈黙の練修をつづけると、あなたのこころはすっかり解放されて（自由になり）、生きてここに在ることの不思議を十分に味わえるようになり、心身の癒しの力も生まれてきます。それが存在の力、今ここを生きる力です。あなたがほんとうに自由になったら、過去の後悔や苦しみからも、将来への不安や恐れからも解放されて、心のなかのおしゃべりがぴったりと止みます。一人のときの沈黙の豊かもさることながら、誰かと一緒の沈黙はダイナミックな癒しの力を生みだします。

無音の音

沈黙とはよく音の不在といわれますが、裏を返せば、それは強烈な音の存在でもあるのです。二〇一三年から二〇一四年の冬は、当地フランスはたいして寒くなかったと記憶していますが、北アメリカは異常寒波で、例年になく吹雪がおおく、気温も摂氏マイナス二〇度以下にたっしたそうです。その極寒のナイアガラの滝の写真を見ると、滝の瀑布が止まっていました。水は落下できずに、凍りついたのです。わたしはその写真に心を打たれました。滝が止まったのです——その爆音とともに。

四〇年前に、わたしはタイ国の北西の街、チェンマイにいました。若者向けのリトリートのためです。岩がゴロゴロした沢のそばの小屋に滞在していて、いつも水の落ちる音が聞こえていました。おいしい空気を吸い、衣類を洗ったり、沢の巨岩のうえで午睡を楽しみました。いつも水が落ちる音が聞こえていました。昼夜を問わず、同じ音が聞こえてきます。そのときふと、あたりの藪や木々のことがこころに浮かびました。生まれたときからずっとこの音を聞いて育った木々に、突然音が止んで、生まれて初めて無音の音、この沈黙の音が聞こえてきたら、どうでしょう（あなたに彼らの気持ちが想像できますか）。昼も夜も絶え間なく聞こえていた滝の水が、突然止まって、何も聞こえない。生まれて初めて無音の音が聞こえてきたら、木々はどれほど驚くか、想像してみてください。

五つの真音

仏教では、菩薩とは大いなる慈悲の人です。菩薩の生涯の仕事は、衆生の苦しみを和らげることです。仏教の菩薩のなかに、ディープ・リスニングを修された菩薩さま、観世音菩薩（アヴァローキテーシュヴァラ）がおられます。この名前は「世音を深く聴く人」という意味です。

仏教の伝統によれば、観世音菩薩は、あらゆる音を聴く力を備えていますが、それだけでなく、衆生を癒す五種の音[1]を発する力もあります。心に沈黙が生まれたら、あなたにもこの五つの声が聞こえるでしょう。

はじめに妙なる音、いのちの妙音があなたに呼びかけます。鳥のさえずり、雨の音など自然の音です。

神は音なり
宇宙の創造主は音なり
万象はこの音とともに始まる

二番目の音は、世界を観る者の音（観世音）です。耳を澄まして聴く音、これがサウンド・オブ・サイレンス（沈黙の音）です。

三番目の音は、ブラフマン（宇宙の根本原理）の音（梵音）です。インドの悠久の精神史のなかで謳われてきた「オーム（om）」という超自然の音です。オームは世界を創造する内なる力です。インド神話によれば、このオームが宇宙、世界、天地万物を創造したのです。キリスト教のヨハネによる福音書でも、同じ考えが語られています。「太初《はじめ》に言《ことば》あり」（ヨハネ1：1）。ヒンズー教の最古の根本経典であるヴェーダによれば、オームは世界を創造するコトバです。インドのヴェーダの伝統では、オーム音は究極の実在、神を意味します。

現代の天文学者たちもこれと同じような説を信じるようになっています。科学者たちは、時間の始原・宇宙の始まりは「ビッグ・バン」であったという仮説を立てました。

四番目の音は上げ潮の音（海潮音）です。ブッダの呼び声を象徴する音です。誤解を払拭し、苦悩を取りのぞいて、変容を導くブッダの教えの声です。あまねく染みわたり、変容をもたらす声といえるでしょう。

五番目の音は、世に在るすべての音を超越した音（勝彼世間音）、すなわち、無常の音です。個々の言葉や音に過度にこだわったり、固執してはいけません。学問としての研究はブッダの教えを複雑にし、その理解を遠ざけてきましたが、ブッダの本来の教えは、言葉に捕われないシンプル（簡単明瞭な）な教えです。もし教えが込み入って複雑であれば、それはブッダの教えではありません。あまりにしつこく、騒々しく、入り組んで分かりにくい声が聞こえてきたら、それはブッダの声ではありません。五番目の声はどこにいても響きます。牢獄の囚われの身にも、世に在るすべての音を超越した音が、耳に届くでしょう。

あなたの一番心配なこと

心のなかの雑音がすっかり静まって、沈黙――雷のごとき沈黙――が深まると、心の底から深い呼び声が聞こえてきます。あなたの心が呼びかけているのです。心が何かを語りかけているのに、その声が聞こえません。アタマがいつも雑音でいっぱいだからです。昼も夜も、絶え間なく自分から引き離されて、アタマは考え事でいっぱいです。大抵は否定的な思いばかりですが。

わたしたちは毎日、快適さや安らぎを求めて暮らしています。生活のほとんどの時間を費やして物心両面の快適な生活を求めます。生きていくための心配事で毎日が過ぎていきます。日々の生存――これがわたしたちの関心事です。お金、食料、住居、などなど。毎日、夢中になってモノを探し求めます——どうやってこれを手に入れたらいいのだろう。メンタルな心配事もあります。誰かが自分を愛しているか、いないか。自分の仕事は安全かどうか。こんな問題が一日中アタマをかすめます。あるいは、長持ちするよい人間関係、困難のない人間関係を求めているかもしれません。何かよりどころを求めているのです。

こうして、与えられた時間のほぼすべて、九九・九パーセントが、日々の心配事で費やされます。もちろん物質的な快適さと感情的な関心事があなたのすべてだといわれたら、それも分からないでもないのです。安心感を得るには欲求が満たされる必要があります。しかし私たちは、欲求を満たすという範囲をはるかに超えて悩み煩っているのです。安全に暮らし、飢えもなく、雨露をしのぐ家もあり、愛する家族にも恵まれている。それなのに心配事は絶えません。

こころのいちばん深いところに「究極の関心事」があります。ほとんどの人が今まで聞いたこともないし、気づいたこともない関心事です。物質的・感情的関心とは全く関係のない問題です。わたしはこの人生で何をしたいのか。それが問題です。自分はここに生きているが、なぜ、ここにいるのか？　わたしは誰で、一個の人間であるこのわたしとは、いったい誰なのか？　この人生で何をしたいのか。このような問題に応える暇などないのが現実です。

これは単なる哲学的問題ではありません。これに対峙しなければ、生きる喜びも安らぎもないからです。心の平和がなければ、喜びはありません。ほとんどの人は、そんな問題に応えられるはずはないと思っていますが、マインドフルネスがあれば、心のなかに沈黙が育って、その答えが自分で聞けるようになるのです。自分の力でその答えを見つけたら、心奥の深い呼び声が聞こえるのです。

「私は誰か」と問いかけてみてください。ゆっくりと時間をかけて心に集中していくと、驚くべき答えが見つかります。自分が先祖の継続であることがわかるでしょう。両親や先祖はあなたの体のすべての細胞に、そのまま現存しています。あなたは彼らの継続体なのです。あなたには分かれた自己というものはありません。両親やご先祖様を取り除いたら、「あなた」はもはやここに存在しないのです。

あなたは元素からできていることにも気づくでしょう。例えば、水です。もし水の要素を取り除いたら、あなたはここにいません。あなたは土からできています。もし土の要素を体から除いたら、やはりあなたは存在しません。あなたは空気でもあります。空気も必要不可欠で、空気がなければ生存できない。同じように、空気の要素を取り除かれたら、あなたはそこにいません。そして火の要素、熱の要素、光の要素もあなたのなかにあるのです。自分が光でできていることもわかるでしょう。太陽の光がなかったら、地上に何ものも育ちません。もっと深く見つめてみたら、あなたは太陽からできているとわかるでしょう。太陽は銀河系のなかで一番大きな星の一つです。そして、あなたと同じように、地球も星からできています。だから、あなたは星なのです。晴れた夜空を見上げたら、自分が頭上の星だと気づくでしょう。いつも「これがわたしだ」と思い込んでいる小さな自分ではないのです。

走らなくてもいい

マインドフルネスは内なる空間と静寂を与えてくれます。これによって、深く見つめることが可能になり、あなたが誰で、この人生で何をしたいかに気づかせてくれます。もうこれ以上求め続けなくてもよいのです。これまでずっと、何かを求めて走り続けてきたのは、それが自分の平和と幸福に不可欠だと信じて疑わなかったからです。じぶんを急き立て、あれやこれやの条件を満たすために、突き進んできました。幸せになるためです。今ここで幸せになる十分な条件が満たされていないと思っていたからです。だから、あなたも人に負けないように、あれやこれやを求めて走り続ける習慣を身につけてしまいました。「わたしの心は安らかではない。立ち止まって、楽しんでなどいられない。幸せになるためにはもっと多くの条件が必要だから」。このときあなたは、生まれながらに与えられている「生きる歓び」を抑圧しています。しかし、いのちは不思議に満ち、妙なる音にあふれていきます。今、ここに止まる勇気さえあれば、じぶんを解き放つ勇気があれば、そのとき、まさに今ここで、幸せになることができるのです。もう走らなくてもいいのです。

マインドフルネスは
とてもかんたんな練修です

＊

立ち止まり、呼吸をし　そして　鎮まります

わが家に戻りましょう
今ここを　楽しむことができるように

あらゆる瞬間に

*

いのちの不思議は、すべて、すでにここにあるのです。あの呼び声が聞こえませんか。あの声が聴こえたら、あなたはきっと走ることをやめるでしょう。あなたとわたし、みなが必要としているのは、鎮まること、沈黙、です。アタマのなかで、今も鳴り止まない騒音を止めてみましょう。いのちの不思議の声が聞き取れるように。まことの人生を深く生きはじめられるように。

ONE

A Steady Diet of Noise

第1章

騒音という常食

電気のない山奥に一人で住んでいないかぎり、あなたは一日中、騒音と情報の絶え間ない流れに晒され続けます。人から話しかけられなくても、ラジオや他の音源がなくても、掲示板や電話の音、テキストメッセージやソーシャルメディアやコンピューター、請求書、チラシ、その他、おおくのことばや音が押し寄せてきます。やっとの事で空港の搭乗口に滑り込んでも、耳障りなテレビの音から逃れられないこともあります。朝の通勤のときにも、ツイッター、メール、ニュース、ゲーム、電話の更新などで時間が潰れてしまいます。

全く音がしないという稀な瞬間においてさえ、メールやその他の情報が外からやってきて、アタマはエンドレスに考えごとでいっぱいになります。あなたは毎日何分ほど、ほんとうに静かな時間を過ごしていますか？　もしそんな時間があれば、ですが。

沈黙は　いのちの糧

沈黙がなくては　生きられない
ちょうど　空気なしに　生きられないように
ちょうど　植物が　光なしに成長できないように
アタマのなかが　コトバや考え事でいっぱいになったら
わたしはどこにいたらいいのでしょう　わたしの居場所はどこ？

都会に住んでいる人たちは、ある程度、周囲の騒音に慣れています。誰かの叫び声や、車の警笛、音楽の爆音などに、ひっきりなしに囲まれていると、かえって騒音がある方がホッとして気分が落ち着くことがあるのです。一週間ばかり田舎や、瞑想リトリートに出かけて行く友人たちもいますが、いざ出かけてみると、音がないと、恐ろしく落ち着かなくなるようです。彼らはいつも音が溢れる環境に慣れているのです。

植物は光がなければ育たないし、人間も空気がなければ呼吸できない。生き物はみんなスペース（空間）を必要とします。成長したり、何かになるためには、スペースがなくてはなりません。

沈黙が怖い

みなさんは沈黙が怖いと思ったことはありませんか。自分の中にいつも何かを取り込んでいなければ安心できない。メール、音楽、ラジオ、テレビ、考え事で心の空間はいっぱいです。幸せになるために静けさや心のスペース（空間）が大事なら、どうして日々の生活の中でその場所を創ろうとしないのでしょうか。

これは私の長年の弟子のパートナーの話です。人の話をよく聴き、あまりおしゃべりでもない穏やかな人なのですが、家ではいつもラジオかテレビをつけっぱなしにしているし、座って朝食を食べるときも、目の前に新聞をひろげておくのが好きなのです。

また、ある女性のお嬢さんは禅寺に行って坐禅をするのが好きなので、お母さんにも坐禅を奨めたそうです。娘曰く、「ママ、本当に簡単なのよ。床に坐らなくてもいいの。椅子が用意してあるのよ。何もしないで、ただ静かに坐っているだけだから」。お母さんはまじめくさって答えました。「うーん、やめとくわ」と。

人は群衆の中にいても孤独を感じることがあります。誰かと一緒にいても淋しいのです。

心の中に空っぽの空間があるからです。その空っぽの空間は心地よいものではないので、その空虚感を何かで満たしたり、あるいは、取り払おうとします。テクノロジーの力を借りて、「何かと繋がる」方法は色々とあるので、いつでも何かと「繋がって」いることができるのに、なぜか淋しいのです。すぐにEメールやソーシャルメディアのサイトに手を伸ばします。毎日何度も来信をチェックしては、次から次にメールやメッセージを送りつけます。自分の思いを誰かに聞いてもらいたい、返事を受け取りたいのです。何かと繋がりたいと必死にあがいて、毎日が過ぎていきます。

いったい何を恐れているのでしょうか。空虚感、孤立、悲しみ、落ちつかなさといった感情がつきまとって離れないのかもしれません。心細い、愛されていない、何か大切なものが欠けているといった感情です。このような感情は今に始まったことではなく、私たちの行動や思いの奥に連綿と続いているとても古い感情です。毎日の刺激が強すぎると、この本来の自分の感情が散らされて、すっかり見えなくなるのです。しかし、沈黙が訪れると、これらすべてのものがはっきりと姿を現します。

刺激のビュッフェ・バイキング——とりどりの刺激

まわりから聞こえてくる音や、心のなかで繰り返し再生される思いや考え事もまた、ある種の食べ物です。食べ物といえば、毎日、実際に噛んで飲み込む食物と思うでしょうが、人間が消費する食べ物はこれだけではありません。食物は口を通して取り込む食べ物の一つにすぎません。読書、会話、ショー、オンライン・ゲーム、心配事、考え事、不安などはすべて私たちの食べ物なのです。なるほど、心のなかに美しいものや静けさ（沈黙）を入れる隙間がないのも道理です。ひっきりなしに、意識のなかに色々な食べ物を詰め込んでいるのですから。

毎日消費する食べ物には四種類あります。仏教では、これを四つの栄養物（四食《しじき》）といいます。個人と集合体の両方が、食物（段食《だんじき》、ないし、団食）、感覚（触食《そくじき》）、意志（思食《しじき》）、意識（識食《しきじき》）の四つの食べ物を摂取しています。

さて、第一の食べ物はもちろん毎日口を通して摂取する食物です。第二の食べ物は感覚がもたらす印象で、目、耳、鼻、舌、身（体）、意（意識）（＝六根）を通して受け取る感覚体験です。毎日、聞き、読み、匂い、触れるものです。電話、メール、窓の外のバスの音、そして、通りがかりにふと目にする掲示板もそうです。これらは実際に口から食べられるものではないのですが、外からの情報やアイディアとして意識の中に入ってきて、わたしたちが消費しているものです。

三番目は、意志という栄養源です。あなたの意志や関心、願望がこれに当たります。これが摂取物（食べ物）となるのは、それがあなたの決心・行動・活動に「栄養を与える」栄養源になるからです。何かをしようとする意志や叶えたいという願望がなければ、あなたは動けず、ただ萎れていくだけです。

四番目の食べ物は意識《コンシャスネス》です。意識という食べ物には、個人的なものと、集合的なものがあります。この食べ物は、あなたの個人的な意識を含み、さらに、あなたの心がその心自身を育て、あなたの思考や行動を育てていく、そのやり方を含んでいます。また集合的意識という時には、それがどのようにあなたに影響を与えるかという部分まで含まれます。

これらの食べ物はすべて、健康にも不健康にも、栄養を与えてくれるものにも有害なものにもなりえます。すべては、何を、どのくらい消費するか、どのくらい気づいて消費しているかにかかっています。例えば、ファスト・フード（ジャンク・フード）を食べて気分が悪くなったり、腹が立ってお酒を飲みすぎることがあります。あとになって気分が悪くなるような消費だとわかっていても、気分を紛らわせたいと思って食べたり飲んだりしてしまうことがあるでしょう。

他の栄養物も同じです。（第二の）感覚的食べ物の場合は、健全でためになるメディアを取り込もうとする意識が働く一方で、苦しみから気持ちをそらすために、コンピューター・ゲームや映画、雑誌、あるいはゴシップに興じることもあるのです。同じように、意志にも（建設的な動機から出る）健全なものと、（渇望や執着などの）不健全なものがあります。また、集合的意識にも健全なものと不健全なものがあります。自分が関わっているグループにも特徴があるでしょう――理解があって協力的、楽しい、怒りっぽい、ゴシップ好き、好戦的、無関心で熱意がない――など。そんなグループの雰囲気や意識からどんな影響を受けているか考えてみてください。

どの食べ物も私たちの体にとても大きな影響を及ぼします。ここでも何をどれだけ消費するかに気づくことが大切です。その気づきが自分を守る鍵になります。この守りがなければ、思いのほか大量の毒素を吸収し、気づきがなければ、有害な音や意識が体じゅうに溢れて、病気になってしまいます。マインドフルネス（気づき）は生まれたての赤ちゃんの柔らかい肌を守る日焼け止めクリームのようなものです。マインドフルネスによって守られたら、自分を成長させる滋味豊かな食べ物だけを摂取して、いつも健康で安全に過ごすことができるのです。

口からとる食べ物

みんな気づいていることですが、食べたものと感情には関係があります。ジャンクフードを食べると、疲れやすく、気むずかしく、イライラし、うしろめたくてやましい気持ちになりますし、満足するとしても刹那的なものです。これに対して、フルーツや野菜を食べると、元気がでて健康的でイキイキと体が喜ぶような気分になるでしょう。よくあることですが、空腹だから食べるのではなく、自分を慰めたり、不快な感情から気をそらすために食べることはありませんか。今、あなたが何か悩みや淋しさを感じていると想像してみて下さい。この好ましくない感情を押さえようと、冷蔵庫を開けて何か食べるものを探すかも知れません。お腹がすいていないし、食べる必要もないと分かっているのに、とにかく何か食べるものを探すのです。内側から湧きおこった感情を封じ込めるために、何かを食べて、紛らわせようとするのです。

プラクティス・センターで行われるリトリートに参加すると、どのリトリートでも、毎日からだによい菜食が朝昼晩と供されます。心を込めて、マインドフルに準備された食事です。それでも、ここで提供される食事を心配する参加者がいるのです。友人のひとりがはじめてマインドフルネス・リトリートに参加したときのことです。次はいつ食事が食べられるのかということでいつもあたまがいっぱいで、リトリートの最初の二日間はずっと空腹で、みんなが並んで順番に食事をとっていくスタイルが嫌でたまりませんでした。お腹をすかしているじぶんの食べ物がなくなってしまうのではないかと気を揉んだのです。そんなことは決しておこらないのですが。彼はセンターでのどんな活動もさっさと片付けて、一番乗りで食堂に駆けつけました。いちばんに食事にありつくためにです。

リトリートの三日目のことです。彼は父親への感情をみんなと分かちあうことができました。最近父親を亡くしたことを語ると、シェアリングのグループは彼をしっかりと支えてくれました。さて、この日のシェアリングは少し長引いたので、遅れて食事の列に並んだとき、今までのような心配がすっかり消えていることに気づきました。遅れても食事は十分にあるから自分は大丈夫と感じたというのです。この日に限って、ご飯や野菜がなくならなくてよかった！　と、内心、ホッとしたのですが。

感覚的印象

五感や心から取り込む感覚の食べ物は、視覚、嗅覚、触覚、味覚、聴覚から入るすべての食べ物を指します。例えば、会話、娯楽、音楽などの外部の音も感覚の食べ物です。読書や情報も同様に感覚の食べ物です。

おそらく口から摂取する食べ物以上に、感覚の食べ物は感じ方（感情）に影響を与えます。雑誌を手に取る、インターネットを見る、写真を見る、音楽を聴く。とにかく何かに繋がってその情報を楽しもうとします。これらは感覚の食べ物を消費する理由として悪くないのですが、本当の目的はしばしば、ただ自分から逃げたい、内面の苦しみに覆いをかけて隠したいからなのです。音楽を聴く、本を読む、新聞を手に取る、そんなとき、本当にその活動や情報を必要としているからではなく、機械的にそうしていることが多いのではないでしょうか――習慣の力がそうさせるのか、あるいは、「暇つぶし」をして空虚な不快感を埋めたいだけなのかもしれません。本当の自分に対面したくない、自分自身に出会うことを避けたいのかもしれません。自分に戻るのが怖い。内面の苦しみをどう扱ったらいいいか分からないのです。もっともっとと手を伸ばして感覚的刺激（印象）を消費しようとするその理由は、ここにあります。

感じて知覚するもの——それが私です
腹が立ったら　怒りとなり
愛したら　愛になる
雪峯を見つめたら　山になる
夢みれば　夢になる

これはある少年の告白です。彼は少なくとも毎日八時間ビデオ・ゲームをやって、止められない。きっかけは毎日が面白くなかった。家族や学校や仲間に理解してもらえない。それを忘れるためにゲームに手をつけて、中毒になった。いつもビデオ・ゲームのことばかり考え、ゲームをしないときも頭から離れない。わたしたちもこの少年に似ていないでしょうか。孤独や空虚感を感覚的刺激で満たそうとしているのです。

感覚は外界への窓です。たいていの人がこの窓を開けっ放しにしています。この窓から外界の風景や音が心に侵入し、染み込み、やがて、悲しい心の苦悩が増大していきます。ひどく寒くて、孤独で、恐ろしい。気がついてみたらひどいテレビ番組が消せなくて、見つづけていたことはありませんか。耳障りな騒音や炸裂する銃声が気を転倒させているのに、立ち上がってスイッチを切れないのです。一体どうして自分をこんなに傷つけるのですか。どうしてこんなに自分を痛めつけるのでしょうか。もっと自分を安心させて、感覚の窓を閉めたいと思わないのですか。孤独が怖いのですか。一人でそれに対面したときの、空虚で寂しいあの感覚を恐れているのですか。

粗悪なテレビ番組を見たら、その番組そのものになるのです。魔法の杖などなくても、望むものになれるというのに、どうしてひどい映画やテレビ番組に心の窓を開くのですか。インパクト重視のプロデューサーがあぶく銭目的で作った映画や、心臓をドキドキさせて拳を握り、あげく、疲労困憊しなければならないような映画に、なぜ身をさらすのでしょうか。

会話もまた感覚的食べ物です。いやみ、嫉妬、欲望まみれの人と話をしたらあなたはどうなるでしょうか。ちょっと想像してみてください。会話をしながら、あなたはその人の絶望のエネルギーを吸い込みます。実際のところ、感覚的食べ物の多くは、気分を良くするどころか悪くします。ふと気づいたら、自分も貪欲な人間に変わっているのです――これではダメだ、もっと自分をよくするために何か買わなくては、自分を変えなくては、とますます考えている自分に気づくのです。

しかし、別の選択をすることもできます。平和と落ち着きを守る選択肢です。あなたの窓をずっと閉ざしておくという意味ではありません。「外界」には、素晴らしい奇跡があるからです。この奇跡にあなたの窓を開いてほしいのですが、どれか一つに気づきの光を当ててみてください。爽やかな小川のそばに腰を下ろしたり、美しい調べに耳を傾けたり、素晴らしい映画を見ていても、小川や音楽や映画に完全にわれを忘れてはいけません。いつも自分自身と呼吸に気づいていてほしいのです。あなたのなかに気づきの太陽が輝きだしたら、大方の危険は避けられるでしょう――そうすれば、小川の清らかさはいや増し、音楽は調和の響きを奏で、映像に映し出された芸術家の魂がありありと浮かび上がってくることでしょう。

意志作用

三つ目の栄養物は意志の働きです。意志とは、意図（最初におこる精神の働き）や動機（その内的原因）のことで、わたしたちを養い、目的意識をもたせるものです。わたしたちはさまざまな騒音に取り囲まれて暮らしています。宣伝、映画、ゲーム、音楽、会話などはある種の騒音で、色々なメッセージを伝達してきます。将来のこと、外見のこと、成功のこと、目指すべき人間の姿などの情報を送ってきます。こんな騒音に囲まれているので、本当の自分の欲求や願いに注意を向けることが難しくなっています。行動はできるのに、「意図をもって」行動するために必要な静かな空間がないのです。

自分を養い育てる目的がわからなければ、ただ漂い流されるばかりです。毎年一回だけ会う人たちがいます。再会してこの一年間どうして過ごしていたかと尋ねても、ほとんどの人は、自分が何をしたか覚えていません。一日、一週間、一か月に起こったことも同じように過ぎていき、まるで霧の中です。自分の意図に気づかずに日々を過ごしているからです。しっかりと一日を過ごすためには、自分の中に意図をもつだけでよいのです。

何か行動するには、意図や動機が必要です。歩いてお店に行く、友だちに電話をする、一歩ふみ出す、仕事にいく。自分では気づいていないかもしれませんが、なんらかの意図や動機があるから行動がおこるのです。そうこうしている間に、ときが流れて人生の終わりが近づいて、ハッと気づくのです。私はこれまでどんな人生を生きてきたのだろう。もしかしたら怒りや恐怖や嫉妬にかまけて人生を丸々台無しにしてしまったのかもしれない。自分の力で考える時間も場所もなかった。今、私はこの人生で一番したいことをしているだろうか。それが何かさえ知らずにきたのだろうか。私のうちの「やさしいちいさな声」がアタマの中や周りの騒音にかき消されたのか。いつも「何か」をしようと忙しく立ち回っているので、心の底にある深い欲求をしっかりと見つめてみる瞬間もなかった、と。

意志作用は大きなエネルギーの源です。しかしすべての意志が心からでて来るとは限りません。金持ちになりたいとか、ツイッターで最大のフォロワー獲得者になりたいとか、そんな目的ばかりを追求するならば、あなたの人生は満たされません。お金や権力があっても幸せでない人はたくさんいます。こんな人は実はとても寂しいのです。本当の人生を送る時間もなく、理解してくれる人もなく、誰をも理解しようとしない人生はとても寂しいものです。

人として
人生を満ちたりて生きるには
こころが求めるものに繫がって
体感しましょう
個を超えたはるかなものを
この意図さえあれば
道は変えられる
アタマにつまった騒音から
自由になるために

深奥から求める声に耳をかさないで、内外から聞こえてくる情報だけを聞いて生きていくこともできるでしょう。しかし内なる声を聴くのに僧侶や殉教者になる必要はありません。深く耳を傾ける静寂の空間があれば、あなたのなかに強烈な願いが潜んでいることがわかるでしょう――他者を助け、愛と慈悲を届けたい、世界を美しく変容したいという悲願です。職業が何であっても――会社経営、飲食業、教職、介護など――職種にかかわらず、自分の目的をはっきりと認識して、その目的実現のための働き方をしっかりと理解できたら、それこそが、人生の力強い喜びの源泉となるでしょう。

個人的意識

感覚の断食をしても、外部の騒音やインプット（入力）が止まっても、まだわれわれ自身の意識という強力な食べ物が控えています。これが集合的意識とともにはたらく第四の食べ物です。

ある要素に意識を向けたとき、それらを「消費」しているのです。食物と同じように、意識から消費するものには、健全で安全なものと有害なものがあります。たとえば、残酷で怒りに満ちた思いを抱いて繰り返しアタマのなかで反芻したら、それは有毒な意識の消費となります。また、素晴らしい一日を喜び、周りの人々の健康や優しさに感謝するならば、それは健全な意識の消費となります。

どんな人にも愛し、許し、理解し、哀れむこころが備わっています。意識の中にあるこのような要素の育て方を知っていたら、その健全な食べ物があなたをはぐくみ育て、あなたの温かい気持ちが周りの人たちに恩恵を与えます。また、誰の意識の中にも、執着、苦悩、心配事、絶望、孤独、自己憐憫といった否定的な要素があります。もし意識の中の負の要素を育てるような感覚的な食べ物を摂取してしまったら――たとえば、新聞のタブロイド版を読んだり、暴力的なゲームに興じたり、他人のしたことを羨みながら、インターネットで時間を過ごしたり、下世話な会話にふけったりすると――怒りや絶望、嫉妬が意識の中でさらに強烈なエネルギーに変貌します。こうなると外からではなく自分の内部で、自分を傷つけるような食べ物をせっせと生産していることになるのです。そして、読み物やコンピューター・ゲームから手を引いたあとも忘れきれず、その甘い毒に近づいては消費しつづけます。何時間も、何日も、何週間もやめられません。意識の中に眠っている否定的なタネに水をやって肥やしてきたからです。

ヘムロック（ドクニンジン）やベラドンナ（オオカミナスビ）といった有毒植物をご存知ですか。これを食べると命に関わるので、それと知っていて庭に植える人はいないでしょう。これと同じように、意識の中で育てるものも、しっかりと吟味して健全なものを育てなければなりません。中毒や病気を引き起こす有害なものではなく、滋養があるものを選びましょう。

この意識の畑への水やりは、意識するとしないにかかわらず、あれこれかまわずつづけられます――水やりをしたタネは、間違いなくあとでもう一度呼び出されて消費されることになるのです。水やりをして無意識に取り込まれたものは、夢にその姿を現すことがあるし、おしゃべりをしているときに不意に口をついて出てくるかもしれません。「あれ！こんなこと一体どこから出てきたのだろう！」とフシギな気がします。アタマに取り込んで育ててきたものに注意してください。この注意を怠ると自分や人間関係に甚大な被害が及びます。

集合的意識

個人的意識に加えて集合的意識も取り込みます。インターネットに個人サイトがたくさん作られているように、集合的意識は個人的意識からできています。そして、個人的意識にはすべての集合的意識の要素が含まれているのです。集合的意識は破壊的なものになる可能性があります。例えば、怒りに燃えた群衆が引き起こす暴力や、また、批判的で押し付けがましく、うわさ好きの集団がいだく敵意のような微妙で見えにくい暴力もあります。他方、個人的意識や集合的意識が癒しになることもあります――たとえば、愛する友人や家族と一緒に過ごすとき、知らない人たちといっしょに音楽を聴いたり、アートを鑑賞したり、自然に親しんだりと、お互いに共有できるものがある状況のときです。理解や愛に身を砕く人たちに囲まれていると、彼らの存在そのものが癒しとなり、理解と愛のタネに水が与えられます。逆に、噂話がすきで、いつでも不平を漏らしたり人の非難ばかりしている人に囲まれていたら、彼らの毒を吸収してしまいます。

友人の音楽家の話をしましょう。若い頃にカリフォルニアに移住して、高齢になってからベトナムに帰国した人ですが、歳をとってどうして国に戻ったのかと尋ねられました。「カリフォルニアにいれば好きなものはなんでも食べられるし、なんでも好きなことができ、医療も整っているのに」とか「好きな楽器ならなんでも買えるし、欲しいものはなんでも手に入るのに、どうしてわざわざベトナムに戻ったのかい」。彼の返事はこうでした。カリフォルニアにいたら、周りはみんな国を捨てた移民ばかりで、大方は怒りや憎しみをいっぱい抱えていて、会うたびに彼らの恨み辛みに汚染される。彼は残りの人生を、貴重な最後の時間を、怒りや苦しみの中で過ごしたくなかったのです。もっと安らいで、もっと労わりあう人々のなかで過ごせる場所に住みたかったのです。

暴力、恐怖、怒り、絶望でいっぱいの地域に住むと、いくら嫌だと思っても、怒りや恐怖の集合的エネルギーを消費してしまいます。警笛や警戒音が響くやかましい地域に住むと、いやが応にもその場のエネルギーや不安を消費してしまいます。やむをえない事情で、そのような地域に住むことになったとしても、それに甘んじるのではなく、自ら静かで協力的な環境を選ぶことは可能です。喧騒の中にいても、沈黙というオアシスを創りだして、自らが積極的に環境を変える原動力になることができるのです。

喜びを養い育てるために、生活の中にもっと静かな空間を創るにはどうしたらよいかを考え始めたとき、忘れてはいけないことは、これを一人でできる人などいないということです。支えあう環境があれば、もっと楽に静かな環境を創って楽しめるのです。現実的に静かで平和に満ちた環境が作れないときには、できるだけ静かで慈悲に満ちた集合的なエネルギーを養う手助けをしてくれる人のなかにいるようにしましょう。自分の周りにどんなものを置き、どんな人と関わって暮らすかを意識的に選ぶのです。これがもっと喜びの空間を広げていく鍵の一つとなるでしょう。

プラクティス――養い育てる

淋しくて心細くなると、たいていの人は気晴らしに走りますが、この気晴らしは不健全な消費につながることが多いのです――たとえば、お腹が空いてもいないのにスナック菓子に手を伸ばしたり、目的もなくインターネット・サーフィンに興じたり、ドライブや読み物に耽ったりするかもしれません。意識的呼吸は体と心をマインドフルネスで養う良い方法です。ほんの数回マインドフルな呼吸をしただけで、前ほど満足や気晴らしを求めなくなるのです。体と心が一つになって、心身ともにマインドフルネスの呼吸の恩恵をうけるのです。呼吸が自然に楽になり、体の緊張も緩みます。

意識的呼吸に戻ると、体がゆったりと落ち着いてきて、マインドフルネスの力も強まります。また心配事などの感情を深く見つめたいときには、意識的呼吸によって落ち着きと集中力が生まれます。

ガイド付き瞑想《ガイデッド・メディテーション》はブッダの時代から修行されてきた行法です。坐る瞑想や歩く瞑想のときにぜひ実践してみてください。坐る瞑想では、背筋を伸ばして体を緩め、心地よく坐ります。座布の上に足を組んで坐るか、椅子に座って足の裏をぴったりと床につけてもよいでしょう。最初の入息で、以下の偈《ガーター》の第一行を口ずさみます。出息とともに、二行目に進みます。入息と出息を追いながら、短いキーワードの方だけを使ってもよいでしょう。

息を吸いながら、　いま息を吸っていると気づく
息を吐きながら、　いま息を吐いていると気づく　（吸う／吐く）
息を吸いながら、　息が深くなる
息を吐きながら、　息がゆっくりとなる　（深く／ゆっくり）
息を吸いながら、　体に気づく
息を吐きながら、　体を鎮める　（体に気づき／鎮める）
息を吸いながら、　微笑む
息を吐きながら、　手放す　（微笑み／手放す）

息を吸いながら、　今ここに安住する
息を吐きながら、　今この瞬間を楽しむ

（今ここ／楽しむ）

TWO

Radio Non-stop Thinking

第2章
ラジオNST

止まらないラジオ

人との会話も、読書も、ラジオもテレビもインターネットもやっていないのに、なぜか心がざわつくと感じることはないでしょうか。心が落ち着いて静まらないのは、まだ心の中のラジオ局にチューニングが合っているからです。ラジオＮＳＴ《エヌ・エス・ティー》局、すなわち、止むことのない考えごと《ノン・ストップ・シンキング》というラジオ局です。

静かに座って、外からの刺激がないときにも、終わることのないおしゃべりがアタマの中で鳴り続けています。わたしたちは止むことのない自分の思いを消費しているのです。牛やヤギや水牛は食べ物を噛んで呑み込み、それから反芻します。人間は牛や水牛ではありませんが、全く同じように、思いを反芻するのです――残念ながら、反芻するのはおもに否定的な思いが多いのですが。思いを呑み込み、それからもう一度口に戻して何度も何度も噛み続けるのです。ちょうど、牛が食べ戻しをするように。

ＮＳＴラジオのスイッチを切ることを学ぶ必要があります。こんなふうに自分自身の意識を消費するのは健康的に良いことではありません。今私が住んでいるプラム・ヴィレッジ（フランスにあるリトリート・センター）では、口から取り込む食べ物の消費だけでなく、感覚的な食べ物をマインドフルに消費する練修に力を入れています。飲酒や肉食をしないようにするだけでなく、食事をしたり、飲み物を飲んだり、皿を洗ったり、その他の日常の活動をするときに、できるだけ考え事やおしゃべりをやめることに努めます。例えば、歩きながら話をしたり考え事をしていると、その会話や思いの方に夢中になって、過去や未来の心配事や計画に心を奪われてしまいます。こうして人々は人生のすべての時間を簡単に浪費してしまいます。これが悲劇でなくて何でしょう。このような生き方ではなくて、与えられた一瞬、一瞬を本当の意味で生きてみてはどうでしょうか。人生を真に生きるためには、ラジオを止めて、アタマのなかのおしゃべりを消さなければなりません。

内面のおしゃべりに注意を向けつづけたら、一歩一歩のあゆみを楽しむことなどできません。今、考えていることではなくて、今、感じていることに気づくことが大切です。大地を踏みしめるとき、足裏が地面に触れるその感触を感じてください。このように歩けば、ただ歩くことが喜びとなります。全身全霊で一歩一歩をあゆむことは、貴重な人生の一瞬一瞬に集中することなのです。

大地との接触に一心に集中していくと、考え事にひきずりまわされることはなくなります。自分の体と外界が今までとはまったく違う経験を始めます。体の不思議が姿を表すのです！　何百万ものプロセスが働いて、カラダが動き始めます。エンドレスにつづく考え事をストップし、マインドフルネスと集中を起動させて、体、地球、大空の不思議に触れるときに初めて、十分にこの驚異を味わうことができるのです。

考え事や思いはいつでも悪いということではありません。たいへん建設的な場合もあるからです。おおかたの思いや考え事は感情や知覚作用の産物です。思考は一種の果実といえますが、それらには、滋養を与えてくれるものと、そうでないものがあります。心配事、恐れ、悩みに満ちた意識は、役に立たない、非生産的で有害な思考が育つ肥沃な土壌となります。

思いは私たちそのものです。しかし同時に、単なる思い以上のものでもあるのです。私たちはまた自分の感情、自分の知覚、自分の智慧、自分の幸福、そして自分の愛そのものでもあるのです。自分が自分の思いを超えたものでもあると気づいたら、思いに乗っ取られたり、支配されまいと決意することができるのです。果たしてあなたの思いは人生の真の目的を支えてくれるものなのでしょうか。もしそうでないと気づいたら、「リセットボタン」を押してください。もし気づかないでやり過ごしてしまったら、それは心にはびこり、やがて住み着いてしまいます。勝手に土足で入り込んでしまうのです。招待などまったく輩ではないのです。

否定的思考の習慣

こころは大きく分けて二つの部分からできていると仏教心理学は説きます。こころの下層部は阿頼耶識《あらやしき》（蔵識、第八識[1]）と呼ばれ、すべての想念や感情の種子を蔵しているところです。ここにはあらゆる種類の種子があります。――愛、信頼、許し、喜びなどの幸福のタネがあり、また怒り、敵意、憎悪、差別、恐怖、動揺や不安などの苦しみのタネもあります。先祖の才能や弱点もすべて両親を通してこの体に伝えられており、意識の深層に種子のかたちで貯蔵されています。

阿頼耶識は家に例えると地下室のようなもので、その上にある（顕在）意識は地下室の上のリビング・ルームのようなものです。さまざまなタネは地下室に蓄えられていて、タネの一つが刺激されるたびに――私はこれを「水やりをする」というたとえで話しますが

——そのタネが上の（顕在）意識に上がってきて、芽をだします。こうなると、そのタネはもう眠っているタネではなく、こころの形成物と呼ばれるエネルギー・ゾーンを作ります。マインドフルネスや慈悲のような健全なタネであれば、私たちはその存在を楽しみます。しかし不健全なタネが刺激されると招かれざる客のようにリビング・ルームを乗っ取ります。

たとえば、テレビを見ていると、（阿頼耶識の）渇望のタネが刺激されて（顕在）意識に渇望のエネルギーとして浮上してきます。もう一つ例を出しましょう。怒りのタネが眠っているときには、私たちは幸せで楽しく過ごしているのですが、誰かがやってきて、怒りのタネに水をやるようなことを言ったりしたりすると、それは発芽して（顕在）意識に姿を現し、怒りのゾーンを作ります。

毎日の生活のなかで、健全なタネに触れて水やりをし、渇望や憎しみのタネには水やりをしない練修をしてみてください。仏教では、これを勤勉の練修（四正勤）[2]といいます。プラム・ヴィレッジでは「選択的水やり」の実践と呼んでいます。例えば、怒りや憎しみのタネが阿頼耶識で静かに眠っているあいだはこころは平和で幸福ですが、意識の世話の仕方をまちがえると、タネは眠りから覚めて、水を得て発芽してきます。不健全なタネが顕在意識に発芽したら、発芽したことに気づき、そのまま居座らせないことが大事です。不快な心の形成物（しこり）が発芽しそうだと気づいたら、第二のエネルギーとして顕在意識にマインドフルネスのタネを呼び出して、否定的な心のしこりをしっかりと認識して、抱きしめて、鎮めてもらうのです。そうすればその否定性をふかく見つめて、その出所を突きとめることができるのです。

多くの人が生々しい怒りや苦しみをこころに住まわせています。かつて誰かに虐げられたり、手荒に扱われたのかもしれません。その時の痛みのタネはすべてそのまま阿頼耶識に埋まっています。過去に起こったこととの折り合いが取れず、変容もできず、ただその怒り、憎しみ、絶望、苦しみをだき抱えて、そのタネは一人淋しくそこにうずくまっているのです。幼い頃の虐待は、思い出すたびに何度でも繰り返し体験するものです。毎日、毎日執拗に過去の虐待が姿を現すのです。意識が取り込んだ毒のある食べ物は反芻され続けます。

子どもの頃にはきっと楽しい時間もあったはずなのに、絶望であがいていたときなどの精神的によくない状態に戻ってしまうのです。周りの環境が助けてくれることもあります。友だちなら昔はよくこんな風になだめたものです。「あなた、思い煩わないほうがいいわ」

「何をぼんやり考えてるの」「どうしていつまでもぐずぐずと悩んでいるの。すんでしまった事でしょ」互いに助けあい、習慣となった否定的な考えから抜け出して、心の中や外界に息づいている不思議に触れることができるのです。後ろ向きに苦しみや絶望という過去の亡霊を甦らさないように、助けあうことができるのです。

思いの顕在化

私たちの思いはしばしば堂々巡りして、生きる歓びをそぎ落とします。思いの大半は役に立たないばかりか、害を及ぼすことさえあるのです。ただ考えているだけなら被害は少ないのですが、思いは自分の中でぐるぐると巡るだけでなく、外界にも出ていきます。ちょうど、ロウソクが光や熱や香りを放出するように、思いも言葉や行動となって顕在化していきます。

私たちは自分の見方や思考によって
継続します

それは刻々と生み出される私たちの子どもたちです

周りの誰かの具合が悪かったり、否定的な思いにとらわれていたら、すぐに感じ取れるものです。考え事をするときには――自分のことや世界のこと、過去のことや未来のこと、どんな考え事であっても――その思いの底にある思考や見解が現れでるのです。思いには見解や感情のエネルギーが付いてまわります。

否定的な考えや心配事にとりつかれたら、すぐに誤解や不安につながります。考え事をやめて心が落ち着いたら、心は解放されて広々とした空間が生まれます。

これは一人一人の選択の問題です。あなたの選択が物をいいます。考え方ひとつで、自分自身と周りの人たちの苦しみの増減が決まるからです。職場や地域でもっと平等で調和のある雰囲気を作りたいならば、まず一番に、人を変えようとしないことです。真っ先にやるべきことは、あなたのこころの中に静かな空間を作ることです。自分のことをもっとよく知るためです。自分の苦しみを知り、理解しようとするのです。まずここをしっかりと固めて、自己を知ることの成果が実感できるようになって初めて、あなたの職場や地域に、静寂、深く見つめること、理解、慈悲をもたらすためのスペースを作る方法を考えることができるのです。

マインドフルネスは注意力を取り戻すこと

考えないことはひとつの技術です。他の技術と同じように、この技を身につけるには、忍耐と練修が必要です。最初はほんの一〇呼吸の間でも、心と体に注意を呼び戻しておくことは至難の技かもしれません。しかしこの練修を続けていくと、今ここに戻って、ただここに存在する力を取り戻すことができるのです。

ほんの数分間、静かに坐ってみてください。習慣的な思考癖を手放すには、これが自分でできる一番簡単な方法です。静かに坐ると、どのように考え事がなだれ込んでくるかが観察できるようになり、考え事を反芻しない練修ができるようになります。心を落ち着けて呼吸と内部の沈黙に集中しながら、思いをただ、来ては去るままに任せておくのです。

人によってはじっと坐っているのが苦手な人がいます。どうやったらリラックスできるかではなく、じっとしていること自体が苦痛なのです。知り合いのある女性は、「役に立たなかった」という理由で、二度と瞑想はしないと決めていました。それで、私と一緒に歩こうと持ちかけました。「歩く瞑想」とは言わないで、ただ一緒に歩いたのです。ゆっくりと気づきをもって、大気を楽しみ、地面を踏む足裏の感触を楽しみました。散歩から戻ると、彼女は瞳を輝かせて、すっきりと晴れ晴れしたように見えました。

ほんの数分間　自分のための時間をとって
こんな風に　体と感情と感覚を静めたら
喜びが湧いてきます
真の静けさがもたらす喜びが
日々の癒しの
食べ物になるのです

歩くことは素晴らしい方法です。アタマをすっきりさせようとしなくても、心が澄みわたってくるのです。「さあ、これから瞑想の練修をしよう」とか、「さあ、これから考え事をしないようにするぞ！」などと構える必要はありません。ただ歩くだけでいいのです。

歩くことに集中していると、喜びと気づきが自然にやってきます。

一歩一歩を本当に楽しんで歩きたいなら、心配事やもくろみをぜんぶ手放してみてください。考え事をやめるのに時間も努力もいりません。一回の入息をマインドフルに行えば、あなたはすでに止まっているのです。息を吸って、一歩あるく。ここでアタマの作動を止めるために、二、三秒待ってください。NSTラジオ局（止むことのないラジオ）が鳴り響いていても、その竜巻のような猛烈なエネルギーに吹き飛ばされないように気をつけてください。誰にでも起こることですが、自分の人生を生きるというよりも、毎日、毎日、一日中くりかえし、何かに流されるままに生きています。マインドフルネスの練修で、今この瞬間にしっかりと着地することができるのです。いのちの不思議のすべてが現実にあなたの手に届くのはこのときです。

思いの手放しには少し時間がかかるかもしれません。まず、一〇秒か二〇秒くらいマインドフルに呼吸をしみてください。吸う息で、一歩を進み、吐く息とともに、一歩進みます。もし集中（注意）がきれてきたら、やさしく呼吸に戻ります。

一〇秒か二〇秒は短い時間ですが、一つの神経刺激が行動電位を起こすにはほんの一ミリ秒（一〇〇〇分の一秒）しかかかりません。自分に二〇秒与えることは暴走する思考の流れを止めるために、二万ミリ秒を自分に与えることになります。その気になれば、もっとたくさんの時間をかけることもできるでしょう。

こんなに短い時間で、立ち止まる至福、喜び、幸せを体験できるのです。止まっている瞬間に癒す力が呼び出されて、心と体の両方が癒されていきます。一秒の歩み、一秒の息とともに生まれでる喜びを妨げるものは何もありません。歩みと呼吸があなたとともにあって、癒しの手助けをしてくれているのです。

歩いているとき、古い習慣のエネルギー(習気《じっけ》)が現れます。心に染み込んだ根深い怒りや渇望が押し問答を始めるのです。この種の習慣のエネルギーは、何をしているときにも、眠っているときでさえ、絶えずあなたを駆り立てつづけます。マインドフルネスがこの習慣のエネルギーを発見して、それと認め、微笑みかけます。そうしておいて、この習気をマインドフルネスの心地よいお風呂――マインドフルネス浴――に浸からせます。広々とした暖かい沈黙というお風呂です。このように練修すると、否定的な習慣のエネルギーを手放せるようになります。歩く、横になる、皿を洗う、歯を磨く――どんなときにもゆったりとした暖かい沈黙であなたを抱きしめてください。

沈黙とは、ただ言葉を発しないということだけではありません。騒音のほとんどは、アタマの中の忙しいおしゃべりです。考え事はああでもない、こうでもないと堂々巡りがほとんどです。食事をするときには、考え事を食べるのではなく、食物だけを食べるのだということを意識しておかなければなりません。食べることに全神経を集中する練修をしましょう。考え事を手放して、食べ物そのものと周りにいる人たちだけに注意を向けるのです。

これは、何も考えてはいけないとか、考え事を押さえ込まなければならないということではありません。呼吸と歩みに注意を集中することは、考え事に休憩というプレゼントを与えるほどの意味なのです。本当に考えなければならないことがあれば、歩くのをやめて、最大限の注意を払ってそれを考えればいいのです。

マインドフルに歩いて呼吸をすると、周りにあるいのちの奇跡に触れることができるのです。やがてどうしても振り払えなかった思いの霧が晴れていき、すぐ手がとどくところにたくさんの奇跡があることに気づくにつれ、幸せな気持ちが湧き上がって来ます。天空に満月が昇っても、よそ事に注意が削がれていたら、月は見えません。月を全力で見入れば、考え事は自然に止まります。無理矢理に自分を諌めたり、考え事を禁止する必要などありません。

話さないだけでも
十分な平和がもたらされます
考えないことは
もっとも深い沈黙です
その沈黙のなかに　見つけましょう
不思議な軽やかさと
なにものにもとらわれない自由を

マインドフルネスの基本的な練修は、考え事から注意を外して、今、まさに目前で起こっていることに戻ることです。マインドフルネスの練修はいつでもどこでもできますし、それによって生きる歓びがもっと味わえるようになります。料理、家事、歯磨き、洗濯、食事、何をしていても、思いやおしゃべりの静まった気持ちよさを味わうことができるでしょう。

本当のマインドフルネスの練修は、坐る瞑想とかその他の形式的な修行ではなく、深く見つめて内なる静寂を見つけ出すことにあります。これができなければ、心に巣くう暴力、恐怖、臆病、憎しみなどのエネルギーの世話をすることができないからです。

心が騒がしく駆け巡っているとき、静かさを装っても、それは見せかけに過ぎません。しかし、心に静かな空間を見つけることができたら、努力せずとも平和と喜びが輝きだします。そのとき、一言も語らずとも、人を助ける力が湧き、もっと癒しの環境が創り出せるようになるのです。

夢を実現する空間

私たちは大きいけれど中身が空っぽな夢に思いを託すことがあります。日々多忙な生活に追われていると、深く偽りのない真実の心に導かれて生きることなど想像もできないのかもしれません。しかし、真実はまさに今ここ、毎日の生活の中にあるのです。一息一息、一歩一歩が真の夢を叶える着実な一歩になるのです。しかし、あれやこれやの成功のチャンスを最善のものだと信じて、他人から売りつけられたありきたりの夢を追い求めるならば、せっかく与えられた貴重な時間を無駄にして、実際には何の意味もない空虚な野心のために生きていくことになるでしょう。このようなものに人生を売り渡してしまうのです。後悔先に立たず、です。人は死の床に横たわって初めて自分の人生の悲しい悟りにたどりついて、ふと気づくのです——この何十年の年月を仕事とストレスのうちに過ごして、一体私は何をしたかったのか。「成功のための犠牲者」になってしまったのかもしれません。求め続けた富や名声には到達したけれど、人生を楽しみ、愛する人たちとつながる時間も空間も一度も持ったことがない。毎日走り続けて、ただ達成した地位にしがみついていただけなのか。

しかし、自分の「幸福の犠牲者」になる人などいないのです。幸福への道に優先権《プライオリティ》を置けば、仕事上でももっと成功するからです。幸福で平和であればあるほど、仕事の質が向上するのです。しっかりと心を決めて、突きとめてください。あなたの深奥の願いは何なのかと。なかには、自分がもっと幸せになって人を助けたいからではなく、仕事やキャリアでもっと成功するためにマインドフルネスに励みたいと思う人がいます。こんな質問をする人がたくさんいます。「マインドフルネスをやったら、お金が儲かりますか」と。

本気でマインドフルネスの練修をして、害になることは何もありません。もしも、マインドフルネスで慈悲の心が生まれてこなければ、どこかが間違っていて、正しいマインドフルネスではないのです。夢が叶わないと焦る人は、働き方が足りないとか、考えが足りないとか、やり方がまずいのかと考えあぐねるかもしれませんが、実は、そんなにたくさんのことをする必要などないのです――ひたすら内や外からなだれ込む騒音を減らしてみてください。あなたの心の真実が芽生えて成長していく空間をつくるために。

プラクティス――止まって、手放す

止まるとは、心と体を一つにして、今ここに戻ることです。止まることによってのみ、心の平静と集中力が実体験され、いのちの実在に出会うことができるのです。静かに坐って心と体の活動を止めて、内側から静まってくると、前よりもさらに充実し、集中力が高まり、心が澄み渡ってきます。そして、自分の中や周りで起こっていることに気づけるようになるのです。

まず肉体面において、走りまわるのを物理的にやめましょう。体が静まれば、呼吸以外のすべての活動に注意を払う必要がなくなるので、精神面においても、習慣となったせわしなさを手放すのがはるかに楽になります。これには少し時間をかけてトレーニングする必要があります。

体の動きが止まったときに、どのように心を静めればよいかがわかってくると、体が動いていても心の動きを止められるようになります。呼吸と日常の活動における体の動きがどのように連動しているかに焦点をあわすと、すなわち、呼吸と体が一体となると、失念《フォゲットフルネス》ではなく、正念《マインドフルネス》の生活が実現できるのです。

この世の全てがそうであるように、思いも無常です。執着しなければ、それは生じ、しばらくとどまり、やがて薄れていきます。思いに固執して、富、名声、感覚的喜びを追い求めると、その渇望や執着があなたを危うい道に導き、自分ばかりでなく他者の苦しみをも引き起こします。思いや欲求をそれと認めて、起こっては消えゆくままに任せてやると、あなたの深奥の願望にたどり着くばかりでなく、あなた自身を豊かにしてくれる空間が生まれます。

ここにガイド付き瞑想を紹介しますが、このような偈《ガーター》を自分でも自由に作ってみてください。

息を吸いながら、　自分の思いに気づく

息を吐きながら、　その本質が無常と気づく　　（思い／無常）

息を吸いながら、　富への欲望に気づく

息を吐きながら、　富は無常だと気づく　　（富への欲望／無常）

息を吸いながら、　富の渇望は苦しみをもたらすと知る

息を吐きながら、　渇望を手放す　　（渇望に気づく／手放す）

息を吸いながら、　感覚的快楽への欲望に気づく

息を吐きながら、　感覚的快楽は無常と知る　　（感覚的快楽／無常）

息を吸いながら、　感覚的快楽の渇望の危険性に気づく

息を吐きながら、　感覚的渇望を手放す　　（渇望に気づく／手放す）

息を吸いながら、　手放しを黙想する

息を吐きながら、手放す喜びを感じる

（手放す／喜び）

THREE

Thundering Silence

第3章 雷のごとき沈黙

いつも何かに満たされていないと不安になるのは、この時代の多くの人間に共通する病です。市場にはモノが溢れ、欲しければいつでも手に入るように、ありとあらゆる製品が整っています。宣伝マンはモノがない生活の惨めさを吹聴します。しかし、私たちが毎日消費している食物――それが実際に食べる食物にせよ、感覚的刺激という食物にせよ――には毒があります。ポテトチップスを一袋平らげた後に気分が悪くなったり、ソーシャルメディアのサイトや、コンピューター・ゲームを何時間も見て過ごした後には、前よりもっと気が滅入るのではないでしょうか。不快な思いを退け、あるいは覆い隠したいためにこのような消費行動に走ると、もっと孤独で、腹立たしく絶望的な気持ちになります。

自分自身にどうしても直面したくないという気持ちに駆り立てられて、感覚的食べ物に手を出してはいけません。電話やインターネットが全く不要だと言っているのではありません。感覚的食べ物も食物と同様になくてはならないものです。しかし、あなたがどんな種類の感覚の食べ物を摂取しようとしているのかについては、もっと意識し、頭を使わなくてはなりません。特に、消費の瞬間になぜそれを選んだのかを、今まで以上に意識しなければなりません。

毎日何度もEメールをチェックする人がたくさんいます。何か目新しいものを探しているのです。ほとんどの場合、成果がなくてもやめられないのです。日々真新しいものに出会う確かな方法があります。清々しくて、幸せで、安心できるものに出会う方法は、心のうちに空間《スペース》を開くことです。これがマインドフルネスを育てる空間です。

手放す

マインドフルネスの瞑想の鍵は思いを手放すことだと、多くの禅匠が言ってきました。瞑想とはただじっと座って考え事をすることではないのです！　考え事をすると、自分の体やそれを超えるもっと大きな気づきが見えなくなります。思いや観念、感情への執着が強いので、それらを実在だと思っているのです。それらを手放したら、自分のアイデンティティ（これが自分であるという概念）そのものが失われてしまうと思い込んでいるのです。

たいていの人が取り憑かれている観念があります。幸福になるためには手に入れなければならないが、自分はまだ手に入れていないものがある、という観念です――学位、仕事上の昇進、ある程度の収入、社会的地位などです。しかし、このような思いこそがあなたの幸福を妨げるものなのです。この観念を手放し、本当の幸せが顕れる場をつくるためには、いま抱いている思いこそがあなたを苦しめている張本人だということを、まず自分で体験してみなければなりません。一〇年も二〇年も温めてきた思いが、幸福になる大元の力を阻害しているとは、思いも及ばないことでしょう。

ある晩夢を見ました。夢の中の私は二一歳ぐらいの大学生でした。夢を見たのは六〇歳くらいなのに、夢の中の私は若者なのです。夢の中である著名な教授の講義の受講が許可されていました。学内で一番人気の先生の講義が受けられるのが嬉しくて、学務に教室を尋ねに行ったときのことです。私と瓜二つの学生が事務所に入ってきました。着ている服や顔つきまで私とそっくりなのです。すっかり度肝を抜かれて自問しました――この人は私なのか、それとも別人か？ 二人ともあのクラスの受講を許されたのか。すると、「いいえ、そんなはずはありません。許可されたのはあなたです。彼ではありません」とスタッフの返事が返ってきました。

その朝、講義室は同じ建物の最上階だったので、遅れないように急いで教室に向かいました。半分ほど階段を昇ったところで、私はふとこう呟きました。「えーっと、このクラスはなんの講義だったのだろう」と。そばにいた学生に音楽の講義だと教えられて、また驚きました。私は音楽の専攻学生ではなかったからです。

クラスの入り口までやってきて教室の中を覗き込むと、一〇〇〇人以上の学生が座っています。すごい大講義です。クラスの窓から外の景色が見えていて、美しい山は雪をいただき、その上に月と星座が輝いていました。私はその美しさに深く感動しました。ところが教授の入室直前になって、受講生は音楽の発表をしなければならないと教えられたのです――しかも、私が最初の発表者だったのです。目の前が真っ白になってうろたえました――音楽のことなど何一つ知らなかったのです。

途方にくれながらポケットを探ってみると、何か金属製のものが手に触れました。とりだしてみると、それは小さな鐘《リン》でした。「これだ！　曲を奏でる楽器だ。鐘についてプレゼンできる――そうだ、これだ！」と心を決めたそのとき、教授の入室が告げられ、目が覚めました。なんと残念な！　夢があと二、三分続いていたら、敬愛の的のあの非凡な教授のご尊顔が拝せたのに！

目が覚めてから、夢の中身を思い返してその意味を探りました。結論はこうです。事務所で会ったもう一人の若者も私だったが、彼はまだなんらかの観念に囚われていたので、講義を受けられるほどには自由になっていなかったのかもしれない。夢の中の若者は私が捨ててきた昔の私の姿で、今の私は見解への執着を手放して洞察する力をもっていたという意味だったのだろう。

手放すとは何かを手放すことです。自分がしがみついているのは心が作ったものに過ぎず、錯覚による知覚であって、物自体のリアリティではないのです。すべては心の対象物で、知覚作用によって色眼鏡をかけられたものです。ある考えが浮かぶと、それをちゃんと理解する前に、その考えに囚われてしまって、恐れたり病んだりするのです。その考えがあなたを煩わせ、不幸にさえするかもしれません。思いへの捉われから自由になりたいと思っても、望むだけでは何も叶いません。自由になるためには、十分な心のスペースと静寂が必要なのです。

ときにはもう少し時間をかけて自分の思いや感情を深く見つめて、その根を探してみてください。それはどこかに根を持っているからです——子供時代かあるいは生まれる前に作られた根かもしれません。感情や思いの根っこを突き止めて、初めて手放すという作業が始められるのです。

その第一歩は、考え事をやめることです。呼吸に戻って体と心を鎮めると、心に余裕と明晰さが戻ってきます。ここまできたら、自分を悩ませている思いや欲求、感情を、しっかりと名指し、理解し、丁寧に受け入れ、そのうえで自分自身に手放すことを認めさせることができるのです。

思いを手放して答えを見つける

絶対に考え事をしてはいけないと言っているのではありません。最近、ある尼僧に尋ねられたことがあります。「対応しきれないほどの問題を抱えているのに、考えるなと言われたら、どうやって切り抜けたらいいのですか」。ほんとうに役に立つのは「正しく考えること（正思惟）[1]」だけで、良い結果（解決法）をもたらすのも「正しく考えること」です。一般的に言って、私たちが抱く九〇パーセント以上の考えは、正しい考えではありません。ほとんどの考え事はぐるぐると堂々巡りするばかりで、どこへも辿りつきません。考えれば考えるほど、心身ともに動揺し、錯乱し、解決への道は遠のくばかりです。

正しく考えるためには、マインドフルネスと集中が必要です。例えば、解決すべき問題が発生したとしましょう。もし間違った考え方を作動させたら、良い解決方法にたどり着くにはとても長い時間がかかります。（顕在）意識を休めて、阿頼耶識に解決してもらう必要があります。知性と情緒を守備する「手」をハンドルから離して、あの問題、この挑戦を阿頼耶識に委ねるのです。種まきの首尾は土（畑）と空（天気）に任せなければならないのと同じです。考える心である（顕在）意識は土壌ではありません。（顕在）意識は日々マインドフルネスを練修しながらタネをまき、畑を耕す手にすぎません。対して、阿頼耶識は肥沃な土壌で、種の発芽を助けるものです。

種を阿頼耶識の土壌に任せたら、しばらく辛抱して待たなければなりません。阿頼耶識は眠っているときに働きますが、歩いたり、呼吸をしているときでも、考え事でこの過程を邪魔しなかったら、阿頼耶識は働き続け、ある日、解決策が浮かんできます。何故ならば、私たちが顕在意識ではなく、阿頼耶識を拠り所としたからです。

私たちは瞑想という方法で自分自身を鍛えなければなりません。自分の問題や困難を阿頼耶識に任せる方法です。自信を持って阿頼耶識に任せてください。マインドフルネスや集中の力を借りて、タネに水をやり、土壌の世話をしていると、一両日、あるいは数日のうちに、解決策が芽を出します。これが目覚めの瞬間、光明・悟りの瞬間と呼ばれるものです。

静寂の本質

考え事や思いや観念を手放すと、真の心のための空間が生まれます。真実の心は言葉も観念も絶した静寂の領域で、こういうもので心が構成されていると私たちが思っているような限られた概念をはるかに凌ぐ広大な領域です。大海原が凪いで静まるときだけ、水面に映ずる月を見ることができるようなものです。

沈黙は、外的条件の組み合わせから来るものとか生じるものではなく、こころから生まれ出る究極の何ものかです。沈黙の場を生きるとは、語らず、関わらず、何もせず、という意味ではなく、ただ心の中を掻き回されないという意味にすぎません。アタマの中のたえまないおしゃべりを止めることです。ほんとうに鎮まったら、どんな状況に置かれていても、沈黙という果てしない甘美な空間を楽しむことができるのです。

ときに、周囲の音がピタリと止まって、静まり返ったと思える瞬間がありますが、心が静まっていなければ、アタマの中では止むことのないおしゃべりが続きます。これは真の沈黙とは呼べません。沈黙の練修とは、どんな行動をしていても、そのさなかに沈黙を見いだすことです。

考え方、ものの見方への意識を変えてみてください。

たとえば、座って昼食をとるときは、沈黙の喜びを感じる格好のチャンスです。人がおしゃべりをしていても、いつもの考え癖を振り払って、心の平静を保つ力があなたには備わっています。人混みの中にいても、沈黙を喜び、孤独《ソリチュード》さえ楽しむことができるのです。

気づいてみてください
沈黙は
会話の不在ではなく
こころがつくるもの

内部の沈黙が外部の静けさに依ることがないように、孤独《ソリチュード》は必ずしも物理的な人の不在に起因するものではありません。今ここにしっかりと自分を確立していたら、一人でいることの深い意味に気づき、現在の瞬間に起こっていることに気づきます。マインドフルネスの力が働くと、自分の感情や知覚作用のすべてが見えるようになるのです。そして、自分自身の中にしっかり留まりながら、周りで起こっていることにも気づいていきます。周りの状況に自己を見失わないこと。それが真の孤独《ソリチュード》が意味するところです。

喜びの沈黙と圧迫する沈黙

沈黙というと、強制的な制約を思い浮かべます。たとえば、独裁国家が表現の自由を奪うこと、「子どもは大人の前では黙っておれ（子どもは話など聞かないで、見てやるだけでいい）」といった年長者の態度、家族の一人が一家の触れられたくない微妙な話題を禁じることなどです。このような強圧的な沈黙は、状況を悪化させるだけの沈黙です。

家族の中にもこのような不自然な沈黙が存在します。両親が喧嘩をすると、痛ましい沈黙が続き、家族全体が苦しみます。みなが押し黙って怒りと不安に耐えていると、集合的な怒りや不安がますます増殖していきます。張り詰めてジリジリとくすぶるような沈黙は、耐え難く否定的な沈黙です。人を潰す沈黙です。これに対して、自発的な沈黙はまったく別物です。集合的な沈黙の力が、癒しと慈しみを生みだします。ともに坐り、ともに呼吸する、心の内側にはいつでもとどく広々とした空間があり、平和とくつろぎのエネルギーが湧きでる――この方法を知るだけでよいのです。

さて、今、あなたは戸外で腰を下ろし、陽光や爽やかな木々、あちこちから萌えでる草や花に注意を向けているとしましょう。草の上で寛ぎながら静かに呼吸をしたら、小鳥のさえずりや、木々をわたる風の音が聞こえてくるでしょう。都会にいても鳥のさえずりや風の音は聞こえます。もし考え事の嵐を鎮める方法を知っていたら、不快な感情から逃ようと悪あがきをして心ない消費に向かう必要もなくなります。ただ聞こえてくる音に耳を傾け、深く聞き、耳をすましてその音を楽しむのです。こうして聞いているとそこには平和と喜びがあり、あなたの沈黙は力強い沈黙となります。このような沈黙はダイナミックで建設的であって、あなたを圧迫する沈黙ではありません。

仏教ではこれを一黙如雷（雷のごとき沈黙[2]）とよびます。雄弁で力に満ちたものです。私たちが主催するリトリートでは、数千人が一体となって沈黙のうちにマインドフルネスの入出息呼吸を練修します。このような体験に身を置いたことがあれば、ともに味わう開放的な沈黙がいかに力強いものかがわかるでしょう。

子どもたちも、とても小さな子どもでも、この沈黙を楽しむことができるのをご存じですか。心がほっとする何かがあるのでしょう。プラム・ヴィレッジでは、どの年代の子どもたちも、おしゃべりをしないで、大喜びでいっしょに食べたり歩いたりしてくれます。こちらのリトリート・センターにはテレビも電子ゲームもありません。私には年若き友人がひとりいて、初めてやってきたときは、プラム・ヴィレッジまでの道中、蹴ったり叫んだりしたそうです。当時八歳で、両親に連れられてパリから車でやってきたのですが、ついても車から出ようとしませんでした。車をおりたら、一週間、テレビもコンピューター・ゲームもできないことを知っていたからです。しかし、この子もなんとかこちらの生活に馴染んで、友だちもでき、最終日には家に帰りたくないほどになっていました。あれからこの両親と少年は毎年やってきて、今ではプラムに来るのが楽しみになっていました。この子ももう一六歳になりました。

聖なる沈黙

聖なる沈黙とは意識的・意図的静寂です。沈黙は厳粛でなければならないと考える人がいますが、聖なる沈黙には軽快さがあり、ちょうど楽しい笑いがそうであるような喜びがあるのです。

聖なる沈黙は、習慣のエネルギー（習気）が周囲の人や状況に反応してどのように現れてくるかを認識できる絶好のチャンスです。人によっては、一、二週間、あるいは三か月以上、沈黙の練修に取り組みます。これくらいの沈黙を続けると、どんな状況にも応じられるようになります。この沈黙が聖なる沈黙と呼ばれるのは、それが癒しの力を持っているからです。聖なる沈黙の練修では、ただ話すことを控えるだけでなく、考え事を落ち着かせ静めているのです。あなたの中のNSTラジオ局のスイッチを切っているのです。

ただ人の振る舞いを見ただけで、その人が聖なる沈黙を身につけているかどうかがわかります。外見上はいつも静まっているように見えても、ほんとうに静まっているわけではないからです。心がどこか別のところに飛んでいて、本当にはここにいないのです。いのちや自分自身やあなたの手に届くところにいないのです。口を閉じていても、態度で多くを語る人がいます。ほとんどものを言わない人といっしょにいても、相手があなたを非難していることがはっきりとわかることがあります。これは聖なる沈黙ではありません。何故ならば、聖なる沈黙は理解と慈悲を促すものだからです。気をつけて欲しいのは、何も話さなくても、内心強い反感を抱いていたら、顔を見ただけで気づかれてしまうことがあるのです。

マインドフルに呼吸し、周り人や出来事への自分の反応に気づくことは深い練修です。反応したり考えることをやめて、ただそこに在るのです。呼吸、歩み、木々、花々、青空、陽光といっしょにマインドフルネスの練修をしてみましょう。

集中する対象を決めると、自分が何と一つになるかが決まります。自分の入出息を選んでもいいし、一心に雨音や風のそよぎに耳をかたむけて、雨や風と一つになってもいいでしょう。こんなふうに音を聴くのは楽しいものです。清々しい癒しの要素に触れたら、あなたは考える人ではなく、ここに在る人になるのです。

こんなふうに練修していくと、戸外で動きまわり、街の喧騒を聞いたり不快な光景を目にしても、慈悲のこころで反応することができるのです。どんな挑発や刺激に直面しても、聖なる沈黙を生き生きと律動させて、バランスと平和な心を保つことができるのです。

沈黙の行動

沈黙は世界から引きこもる弱さの現れだと感じる人がいるかもしれません。しかし沈黙には大きな力があります。妙法蓮華経（法華経）と呼ばれる有名な仏教の経典に、ひとりの菩薩についての章があります。薬王と呼ばれる大いなる慈悲の菩薩です[3]。大乗仏教においては、すべての菩薩はブッダの腕や手を表現したものと記されています。各々の菩薩は様々な行為を表現しています。伝承によれば、薬王菩薩の前世は「誰もが喜んで会いたい菩薩（一切衆生喜見菩薩）」と呼ばれました。時々、このような人に出会うことがあります。誰もが喜んで会いたいと思う人です。そのような人は、子どもであろうと大人であろうと、その存在自体があまりに清々しく喜びに満ちているので、だれもが出会うと幸せになるのです。

薬王菩薩は献身と愛の修行をしました。しかし悟りの修行を成功させるのに、愛する必要があるでしょうか。その通りです。子どもの成長に愛情は欠かせません。知識や理解を伸ばすにも、愛情の役割が重大です。愛する母親の存在は赤ちゃんの成長にはなくてはならないものです。そして愛する師や仲間の修行者の存在は、修行の進歩になくてはならないものです。愛がなければ成長して向上していくことができません。

薬王菩薩は霊的に成長し、自由と洞察を得ました。自分の肉体だけを自分と考えるのでなく、「あらゆる種類の肉体を自由にとって顕れる能力（現一切色身三昧）」と呼ばれる特別な集中力を習得しました。子どもになる必要があれば子どもに、女性になる必要があれば女性に変身しました。商人になる必要があれば、商人の姿で出現することもできました。いま自分にある体だけが自分の体であるという考えにとらわれることがなく、いとも簡単に体を手放すことができました。薬王はこの世の苦しみ、貧困、残虐性を目の当たりにしてその身を捧げました。体に香油を注ぎ、火をつけてその身を焼いたのです。薬王菩薩の肉体は何百万年ものあいだ燃え続け、その教えは絶えることがありませんでした。こうして薬王菩薩の燃える体は物言わぬ沈黙のよすがとなり、喜んで身を差し出されたその行為を目の当たりにした人々の胸に深く刻まれました。

一九六〇年代のベトナム戦争で、ベトナムの僧侶たちが、身を焼いて抗議したことを聞かれたことがあるでしょうか。あの行為は法華経のこの章に根拠をもちます。この肉体が自分だけのものとは考えなかった僧侶たちは、その身を賭して外部に訴えることを選んだのです。ベトナム人の僧侶たちは自ら火の海に身をおいて、沈黙のメッセージを送ろうとしたのです。未だかつて類を見ない強烈なメッセージを送ろうとしていたのです。誰一人として苦しむ人々の助けを求める叫び声に耳を貸す人がいなかったからです。僧たちは言葉ではなく行動を通して伝えたかったのです――抑圧と差別と苦しみがベトナムにあったことを。自らのからだを松明にしてあの苦しみへの人々の気づきを喚起したのです。

もしあなたの精神がとらわれており、この体こそが自分自身と考え、肉体の消滅が自分の消滅と信じるならば、このような行為に訴えられるはずがありません。あなたが解き放たれて、自分はこの体ではなく、様々なものの姿の中に自らを見出すことができるときにだけ、自ら松明となってその身を捧げる勇気と智慧を持つことができるのです。

一九六三年に初めて焼身行為（焼身供養）を果たされた僧はティク・クアン・ドック（釈廣徳）禅師でした。クアンとは「広い」、ドックとは「徳」という意味です。私はこの愛すべき僧侶を個人的に知っていました。若い頃、私はサイゴンの彼の寺で仏教雑誌の編集や、仏典以外の霊的伝統の研究をしていました。師の寺には、研究に使える雑誌の蔵書があったのです。

ティク・クアン・ドック師は（南）ベトナムの大統領に仏教徒の迫害をやめてほしいと

訴える慈愛に満ちた手紙を送りました。師は僧侶と在家を巻き込んだ大きな抵抗運動の一端を担っており、増加の一途をたどる流血事件に対して非暴力的反抗を組織していました。ある日、ティク・クアン・ドック師は古い車を運転してサイゴンの交差点に止め、車から降りるとガソリンをかぶり、蓮華座で美しく坐ってマッチを擦ったのです。五時間の後、炎に包まれて交差点に坐り続ける師の姿は世界中に知られるところとなりました。あのとき初めて、ベトナムの苦悩が世界に伝えられたのです。数か月のちに、(南ベトナムの)ゴ・ディン・ジエム政権は軍のクーデタで倒れ、宗教的差別と迫害の政治が終わりを告げました。

ニューヨークタイムズ紙でティク・クアン・ドック師の死を知ったのは、ニューヨークのコロンビア大学で、仏教心理学のコースを担当していた時のことです。私は報道陣の質問攻めにあいました。「あれは仏教の不殺生戒に反するのではないか?」私はマーチン・ルーサー・キング・ジュニア牧師に手紙を書いて、あの行為は自殺ではないことを確認しあいました。人は自殺をするとき、絶望の中で死を選びます。もうこれ以上生きていたくないから死を選ぶのです。しかしティク・クアン・ドック師はそうではありませんでした。師は生きたかった──友も、命あるすべてのものたちに生きて欲しかった。しかしこのメッセージを届けるためにならら、自らの肉体をもさしだすほどに自由で解き放たれていたのです。「私たちは苦しんでいます。あなた方の助けが必要です」。偉大なる慈悲のゆえに、師は完璧な三昧のうちに、微動だにせず、火の海で坐り続けることができたのです。私はキング牧師と同じ理解を分かち合いました。イエスは他者のために十字架の死を選んだのです――絶望からではなく、人々を助けたいという意志からです。これがまさしく、ティク・クアン・ドック師の思いでした。絶望からではなく、希望と愛からこの行為を遂げたのです。その身を捧げて絶望的な状況を変えようとしたのです。

この焼身行為はひとつの供犠です。ティク・クアン・ドック師と薬王菩薩が自らを焼く行為で捧げようとしたものは、ただその身だけでなく、他の衆生を救う不退転の決意でした。この常軌を逸した決意こそが、彼らの劇的な行為の大元にあったのです。その決意が、忘れがたいメッセージを届けました。その洞察を、沈黙のうちに世界の果てまで届けたのです。

このような話をしたのは、皆さんにこんな思い切った行動をとってほしいからではなく、沈黙の行為の力を実例で示したかったからです。誰にでも、何かを変えたいとか、誰かに何かを納得してほしいという思いがあるはずです。職場や人間関係で小さな問題が起こったとき、その状況を変えたり、話し合いで解決したいと思ってもうまくいかないとき、沈黙の行為のなかにそれを可能にする力が秘められているということを忘れないでほしいのです。

プラクティス——癒す

毎日忙しく騒音や混乱にまみれていると、自分の周りにある確かなもの——新鮮な空気や太陽や木々のような——自分を支えてくれる健全な要素がここにあることをすっかり忘れてしまうことがあります。

次の練修はいつどこででもすることができます。ただにっこりと微笑んで、体を休め、心地よい呼吸ができる場所にいるだけでいいのです。さわやかな微笑みは顔のすべての筋肉を緩め、体と心に寛ぎと落ち着きをもたらします。「微笑む」と口にするだけでなく、本当にやってみてください。そして次のような養い育てる偈《ガーター》を自分で作ってみるのもよいでしょう。

周りの癒しの要素に触れることによって、自分自身を刷新することができるのです。あるいは、はぐくみ育ててくれる爽やかなイメージを阿頼耶識から呼び出してみるのもよいでしょう。例えば、忙しい都会の住人なら、海や山に行ったときの感じを思いだしてみてください。

息を吸いながら、空気に気づく
息を吐きながら、空気を味わう　（空気／味わう）

息を吸いながら、太陽に気づく
息を吐きながら、太陽に微笑む　（太陽／微笑む）

息を吸いながら、木々に気づく
息を吐きながら、木々に微笑む　（木々／微笑む）

息を吸いながら、子どもたちに気づく
息を吐きながら、子どもたちに微笑む　（子どもたち／微笑む）

息を吸いながら、　いなかの空気に気づく
息を吐きながら、　いなかの空気に微笑む
（いなかの空気／微笑む）

急いで食事をかきこんだり、座って食事をする時間さえないことがありませんか。もしそうなら、動きつづけるロボットではなく、人間として、マインドフルに食事をする機会をもってみてください。食事の前にまず席について数分間静まり、この体が椅子（あるいは地面）に支えられていると感じます。思いを沈めて食事とその出所を深く見つめます。この食べ物がここに届けられたのは、地球、太陽、雨、労働、そして数えきれない条件（愛の支え）が一つになったおかげです。飢えに苦しむ人々がいる中で、この食べ物をいただける幸福をかみしめてください。

腰を下ろして誰かと食事を楽しむときには、食事と仲間に思いを馳せましょう。これこそが誠のコミュニティによる喜びに満ちた食事なのです。

息を吸いながら、　目の前にある食事に気づく

息を吐きながら、　この食事に恵まれていることに感謝する　（食事／感謝）

息を吸いながら、　畑に気づく

息を吐きながら、　畑に微笑む　（畑／微笑む）

息を吸いながら、　この食べ物のあまたの縁《えん》（条件）に気づく

息を吐きながら、　感謝する　（あまたの縁／感謝）

息を吸いながら、　一緒に食事をする人々に気づく

息を吐きながら、　彼らの存在に感謝する　（一緒に食べる／感謝）

FOUR

Deep Listening

第4章

深く聴く

現代人のアタマはいつも考え事でいっぱいで、自分自身や他人の声に耳を貸す余裕がありません。親や学校から、言葉、観念、概念などの知識をたくさん覚えて頭に詰め込めと教えられてきたので、知識の蓄積が将来の役に立つと信じこんでいるのです。ところが、いざ誰かと腹を割って話をしようとすると、相手の話を聞いたり理解できない自分に気づくのです。誠実で充実したコミュニケーションの鍵は、沈黙の力をかりて深く聴き、マインドフルに応答することなのです。

長年一緒に暮らしたカップルも、大勢マインドフルネスのトレーニングにやってきます。もうお互いの話を聞けなくなっているからです。カップルの片方がこんなことを言うときもあります。「何をしてもお手上げだ。あいつは人の話が聴けないんだ」「あの人はいつまでたっても変わらないのよ。まったく糠に釘なんだから」。もしかしたら文句ばかりいう相手は、人の話を聴こうとする心の余裕《スペース》がないのかもしれないのです。自分ではなくて、相手の方に自分を理解してほしいのです。それは確かにその通りなのですが、自分のパートナーを理解する能力を持つことも必要なのです。

詰め込み過ぎの現実が問題なのです。人の話を聞いたり理解する余裕がないように見えるのはそのためです。毎日八時間も九時間もノンストップで仕事をして、アタマのなかは考えごとでいっぱいです。呼吸に気づくとか、仕事以外のことに注意を向ける余裕などないのです。成功したいなら、仕事以外のことを考える余裕などない、とかたく信じているのです。

くつろいで聴く

最近のことですが、運動療法士の仕事についてアドヴァイスが欲しいとパリから女性が訪ねてきました。彼女の求めはこうです。どうしたら健康アドヴァイザーの仕事をもっとも効果的に進められるか。クライアントを心から満足させるにはどうしたら良いか。「心に軽さと広がりがあれば、あなたのことばがクライアントの深い気づきを引き出します。本物のコミュニケーションはそこから始まります」。と私は返事をして、彼女に次の偈を贈りました。

正語(1)の最初の練修は
自分自身とあなたの目の前にいる人を
ゆっくりと　時間をかけて　深く見つめること
互いに　理解のことばが生まれ
互いの苦しみが　和らぐように

ひとに話をするときには、自分ではちゃんと話しているつもりでも、話し方によって、相手によく分かってもらえないことがあります。言葉では、状況をはっきりと理解してもらえるような結果が出せないことがあります。この点を考えてみてください。ただ話すためだけに話しているのか。あるいは、自分の発する言葉が人の癒しの手助けになるから話しているのか。言葉が、愛とお互い同士への気づきをもとにした慈悲の心で発せられるならば、それこそが「正語」と呼べるものなのです。

反射的な即答は、ただ自分の知識をまくしたてたり、感情的な反応をぶつけたりするだけで終わることがあります。相手の質問やコメントを聞くときにも、ゆっくりと落ち着いて聴けなかったり、話の内容を深く見つめられないことがあります。闇雲に応答を連発するだけでは助けになりません。

次に誰かに質問されたらすぐに返事をしないでください。尋ねられたことをしっかりと受け取り、自分の中に浸透させると、質問者は自分の話をじっくりと聴いてもらったと感じて安心するのです。このテクニックは誰にでも役立ちますが、特に援助や人助けを専門とするプロには欠かせない技です。ただしこれに上達するためには練修が必要です。まずは自分の声に深く耳を傾けなければなりません。これができないと、他者の声を深く聞くことはできません。

軽やかに解き放たれ安心して生きるためには、精神的次元を養うことが必要です。心に広々とした空間を取り戻すには、練修が必要です。内なる空間を開いてはじめて、本当の意味で人を助けることができるからです。散歩したり、乗り合いバスに乗っていると――どこにいても――広い心の持ち主はすぐにわかります。あなたもきっと出会ったことがあるはずです。見ず知らずの人なのに、一緒にいると心が軽やかになるのです。彼らは気安く打ち解けているのですぐにそれとわかります。心に心配のタネがまったくないからです。

内なる空間が開くと、ずっとあなたを避け続けた人たちが――生意気盛りの娘とか、喧嘩が絶えないパートナーとか、両親などですが――あなたに近づいてくるはずです。何もしなくてもいいのです。なにかを教えたり話しかける必要もありません。心の空間を広げたり、心を鎮める練修をコツコツと続けていたら、周りの人はあなたのゆったりとした空間に惹きつけられるのです。周りにいるだけで、気持ちがいいのです。あなたの存在感が人を惹きつけるのです。

これが無為（行動を起こさないこと）の徳です。考えごとをやめ、心を体に戻し、本当に今ここに在ること――無為はとても大事です。無為は消極性とか無気力と同義ではなく、ダイナミックで創造的な心の開放です。ただそこに坐って、目覚め、軽やか（軽安）でありましょう。あなたのそばに坐った人は、たちまちホッと安らぐのです。助けるために何もしなくても、相手はあなたから多くのものを受け取ります。

真の友、真の同僚、真の親、真のパートナーになるには、慈しみの心で聴ける心の余裕（空間）をもつことが必須です。うまく聴けるようになるのに、心理療法のプロになる必要はありません。実際、セラピストの多くはいつも苦しみを抱えているので、この能力を欠いていることが多いのです。長年心理学を学んできて様々な技術をもちながら、心のなかでは、クライアントをうまく癒しや変容に導けなかったと悩み、クライアントから痛みや苦しみを受けながらも、心のバランスをたもつための気晴らしや喜びもないので、効果的治療に必要な心の余裕《スペース》がないのです。患者の方は治療のためにセラピストに多額の金銭を支払い、何週間も通って診療を受けますが、カウンセラーに慈悲の心で内面の声を聴く力がなければ、患者を救うことはできません。セラピストやカウンセラーも同じように苦しみをもつ人間です。他者の心の声を聴くためには、自分自身に優しく語りかける能力が先決なのです。

他者を助けたいならば、心のうちに平和がなければなりません。一歩一歩、一息一息のなかに平和が生まれ、この静かな心がひとを助ける力になるのです。ここが肝要で、これを外すと人の時間を無駄にし、もしプロなら、お金まで奪ってしまうことになるのです。まずもって最初に大事なことは、自分自身の心身の安楽、軽やかさ、落ち着きを取り戻すことです。その時はじめて真の意味で他者の声を聴くことができるようになるのです。

これには練修が必要です。毎日少しでも時間をとって、呼吸と歩みと一つになり、心を体に戻してください——忘れていた体を思い出すのです！　そして、毎日、少しの時間でもいいので、あなたの内なる子ども《インナー・チャイルド》の声に優しく耳を傾けてください。聞いて欲しいと訴える内なるものの声を聴くのです。人の話の聴き方はここから始まります。

鐘の音を聴く

鐘をつく文化は世界中にあります。鐘の音は人々を呼びあつめ、自己の内部の調和や他者とのハーモニーを創り出す役目をしてくれます。アジアの国々には、たいてい一家に一つは小さな鐘《リン》がありますが、心地よい音であなたを楽しませる鐘ならどんな鐘でもいいのです。この鐘で、呼吸に気づき、心を鎮め、この体というわが家に戻ってあなたを癒してみましょう。仏教では、鐘の音はブッダの声です。話をやめなさい。考えることをやめなさい。呼吸に戻りなさい。あなたの全存在をもって聴きなさい、と鐘は呼びかけます。

このように鐘の音を聴くと、からだじゅうの細胞に平和と喜びが染みわたります。鐘の音は耳だけで聴くのではありません。知性だけで聴くのでもありません。全身の細胞を呼び集めて、一緒に鐘の音を聴くのです。

鐘は場所をとりません。テーブルの上でも、棚の上のちょっとした隙間でも十分です。どんなところに住んでいても、小さな部屋を誰かとシェアしていても大丈夫です。鐘を家に持って帰る前に、まず鐘の音を確かめてください。大きくなくても、心地よい音色の鐘がいいのです。

　鐘を招くときにはいつでも、心を正して、その音を受け入れます。鐘の音は「打つ」のではなく「招く」のです。友のように、目覚めたもの（ブッダ）のように鐘を見つめ、目覚めてあなた自身というわが家に戻れるように祈ります。鐘に小さな座布をひいてあげてもいいでしょう。菩薩が瞑想をするときのように。

　鐘の音を聞きながら息を吸い、体に溜まった緊張や癖をすっかり緩め、走り回る心を鎮めましょう。坐っていても、心は走りまわっています。鐘は自分自身に戻って、入息・出息を楽しみ、緊張を緩めて完全に止まるための絶好のチャンスを与えてくれるのです。鐘の音とあなたの反応が、暴走する思いや感情の流れを止めてくれます。日夜を問わずあなたのなかを駆け抜ける手強い思いや感情を完全に止めてくれるのです。

　朝の出勤の前や子どもたちを学校に送り出す前に、家族みんなで坐って、三回鐘を招いて呼吸を楽しんでみましょう。平和と喜びの一日が始まります。一人でも家族と一緒にでも、ちょっと坐って呼吸に戻り、家族が大切にしているものや窓の外の一本の木などを見て微笑んでみることは素敵なことです。これを毎日の習慣にしてみてください。これが自宅やアパートにある安心できる避難所となります。そんなに時間はとりませんが、効果抜群です。家庭でできるこの練修が、今ここの平和と調和をもたらす素晴らしい練修となるでしょう。

呼吸の部屋

瞑想するために、家の中にひと部屋か仕切りをつけた小さな空間を見つけてください。大きな部屋など不要です。部屋の小さな隅っこがあればそれで完璧です。そこが平和と黙想のための静寂の場として確保されていれば、そこはあなたの呼吸室、小さな瞑想ホールです。家族の誰かがこの静かな場所に坐っているとき、入っていって話しかけるのは控えてください。ここが平和と静寂の場所だということを、皆で了解しておくことが大切です。

家族全員でいっしょに坐り、次のことを確認しあってください。家族の中に騒々しく、重苦しい、あるいは緊張した空気があるときはいつでも、だれでも気づいた人がこの呼吸室に入って、鐘を招く権利があります。この部屋で息を吸って吐く呼吸の練修をして静かで平和な心を取り戻すのです。軽率で思いやりのない思考や言葉や行動のために見失ってしまった愛情を回復しようと努力するのもこの部屋です。

誰もが、なにがしかの問題を抱えています。苦しくて心が騒ぎだしたらこの部屋に坐って、鐘を招き、呼吸を見つめます。これはその人の権利です。誰かが呼吸室に入ったら、家族はそれを尊重しなくてはいけません。もしマインドフルネスの練修をしている家族なら、何をしていてもすぐに立ち止まって、鐘の音に耳を傾け、一緒に平和でマインドフルな呼吸に加わります。あるいは、呼吸室に行っていっしょに練修するのもよいでしょう。

パートナーや同居人の不機嫌や心配事に気づいたら、こう提案してみてください。「鐘を招いて少しだけ一緒に呼吸しませんか」。これならすぐに試してみられますね。あるいは、子どもが何かに腹を立てている場合はどうでしょう。鐘の音が聞こえたら、子どもが呼吸に戻っていることが分かるので、あなたも仕事の手を休めて、一緒に吸って、吐いての呼吸を楽しんでみてください。それがその子を支えることです。そして床につくときに、いっしょに坐って鐘の音を三度招くならば、合計九回の入出息を味わって心静かに眠りにつくことができるでしょう。

小さな鐘を招いて呼吸の練修をする人は、大きな平和と調和を楽しむことができるのです。これこそ私が真の文明と呼ぶものです。文明化するのに、多くの近代的な装置など必要ありません。小さな鐘と静かな空間と、そしてマインドフルな入息と出息だけでいいのです。

先祖とともに聴く

人はたいてい、先祖はすでに死んでしまっていると思っています。でも、それは正しくありません。私たちがここにこうして生きていれば、先祖も自分のなかに生き続けています。先祖の才能、経験、幸福や苦しみなどすべてが私たちの細胞の一つ一つの中にそっくりそのまま伝えられているのです。母や父もちゃんとこの身に宿っていて、切り離すことなどできません。

鐘の音を聴くときには、からだ中の細胞を呼び出して、その響きをいっしょに聴いてもらいましょう。そうすれば、すべての世代の先祖たちが同時に鐘の音を聞くことができるのです。あなたがふかく鐘の音を聴けたら、その音は細胞の隅々まで浸透していって、自分だけの平和やくつろぎだけでなく、自分のなかのすべての先祖も素晴らしい現在の瞬間を楽しむことができるのです。苦しみばかりで喜びのチャンスを与えられなかった先祖も、いま、あなたの中でそのチャンスに巡りあうのです。

何かを聞くというと、外から聞こえてくるものを聞くと考えていませんか。あなたが聞いているのは、それだけではありません。すでにお話ししたように、自分の内なる声を聴くことが、人の話をうまく聴くための第一歩です。心の中から聞こえてくるのは、他との繋がりを持たない声でも、無から現れでた他と関わりを持たない孤立した自己でもない、先祖から脈々とつながる声なのです。これを知る力が、マインドフルネスの練修の成果として得られる洞察のひとつです。あなたがここにこうして生まれ出るためには、自分の前にどれほど多くの人々に繋がっていたかを発見する力です。私たちは細胞の共同体で、すべての先祖は自分の中に存在します。彼らの声を聞くためには、ただその声に耳を傾けるだけでいいのです。

ことばにとらわれない

毎日少しでも沈黙の練修をしたら、ほんの数分でも、ことばにとらわれる機会がはるかに少なくなります。沈黙の練修が心地よくなると、小鳥のように自在に、世界の深遠なる本性に触れるのです。

ベトナム禅の創始者の一人、ヴォー・ゴン・トン（無言通）[2]がこう書いています。「もうこれ以上訊ねるな。私の本質は無言だ」。マインドフルなことばを実践するには、沈黙の練修が必要です。モノの見方や心のシコリ（結）が自分の思いにどのよう影響しているかを、注意深く調べていくのです。深く見つめるための大前提が沈黙です。孔子は「天は何ごとも語らず[3]」と言っていますが、聴き方を心得ていれば、天は多くを語ってくれるのです。

物言わず　心を虚しくして耳を傾ければ
鳥のさえずり　松籟《しょうらい》[4]が　自ずから
我らに語りかけるだろう

誰もが愛する人と心を通わせたいのですが、言葉を使わなくても通じ合える方法がたくさんあります。ひとたび言葉を使うと、それは自分が正しいと考えるラベルに変わります。

例えば、「雑用」「子どもたち」「聴く」「男」「女」といった言葉は、ある種のイメージや前提を伝えます。するとその言葉の概念（構成概念）の先にある、変化する現実の全体像が見えなくなってしまうのです。愛する人とほんとうに心を交わすには、非言語的な方法に気づかなければなりません。意識的、無意識的を問わず、コミュニケーションが成り立つ場がそこにあります。

意識の断食

世界にはさまざまな断食の文化があります。宗教的行事、入門儀式、あるいは健康のために断食が実践されています。断食は体だけでなく、意識のためにもやる価値があります。私たちは毎日おびただしい数の言葉やイメージを摂取しているので、時にはそれらすべての摂取をやめて、こころを休ませなければなりません。Eメール、コンピューター・ゲーム、書物、会話は感覚的な食べ物ですが、このような食べ物の摂取を止めると、こころがすっきりして、恐れや心配、苦しみを手放す絶好のチャンスになります。感覚的な食べ物は意識に入って蓄積されるからです。

メデイアに触れないで丸一日過ごせるなどとは思えなくても、ちょっとした息抜きはできるはずです。その気になれば、健全な休息が取れるのです。昨今では「サウンドトラック」なしでいっときも過ごせない人が増えています。一人になるとすぐに（街に繰り出したり、ドライブしたり、バスや電車に揺られたり、ともかく家から出て行きますね）――あるいは会社の同僚や愛する人たちが目の前にいても――ほんのすこしの心の隙間も埋めようとするのです。車中でも、朝食中でも、街角を歩くときでもどこでもよいから、たった一人でも沈黙の行動をとろうと決心すれば、絶え間ない刺激の流れを遮断することができるのです。

スーパーマーケットで流れる曲でとても悲しい気持ちになることに気づいた人がいました。そこで流れる音楽が彼女の人生の苦しい時代を思い出させたからです。彼女は買い物ではなくて、その記憶に気をとられている自分に気づきました。自分の意識への対応策として、彼女は意識的に知的な手段をとりました。スーパーでは耳栓をつけて、音楽に心を乱されたり圧倒されないように気をつけたのです。

音の断食をするのに耳栓までつける必要はないかもしれません。毎日、ほんの数分だけでも意識的に静かになる時間をつくるのです。毎日、ほんの数分間でよいので、外から入ってくる言葉の情報や、アタマの中で渦巻いている言葉を止めたら、自分のほんとうの声を聴くチャンスが生まれます。それが自分や他者への大切な贈り物となり、もっと人の話が聴けるようになるのです。

プラクティス――四つのマントラ

四つのマントラ（真言）は、どんな人にも、子どもにさえできる練修です。このマントラは、あなたと愛する人がたがいに深く聴きあい、存在しあうための、そのきっかけを作ります。マントラとは魔法のことばで、結果が出るまで待つまでもなく、一瞬のうちに状況を変える力をもっています。この練修に欠かせないのが、マインドフルネスと集中力で、この二つの要素が揃わなかったら、呪文もうまく働きません。

マントラの練修には、思いを鎮めて、内部に静かな広がりを作ることが肝要です。そうしなければ、相手のためにほんとうにそこにいる（存在する）ことができないからです。相手が応酬しても、静かで豊かな空間を保ち続けてください。特に、第三と第四のマントラを練修するときには、ここが要点です。相手が何か言いたいことがあっても、批判したり反応したりしないで、呼吸をしながら静かに辛抱強く聴いてください。四つのマントラを伝えるときには、沈黙を守りながら、注意深く選んだ癒しと和解と相互理解をもたらす言葉を使います。まずこころを落ちつけて、その豊かな心の広がりを相手に捧げます。

第一のマントラは、「私はあなたのためにここにいます」です。誰かを愛するときは、最高のものを捧げるはずです。「あなたとともにここにあること」(実在)こそ、最高の捧げ物です。ひとを愛することができるのは、自分がその人のそばにいるとき、本当に存在(実在)しているときだけなのです。ただこのマントラを使うだけではダメなのです。マインドフルな呼吸やマインドフルな歩き方で、今ここに戻る練修をしてください。もちろん、あなたと愛する人のために、一人の自由な(とらわれのない)人間としてここに存在することができる方法ならそれ以外のどんな方法でもよいのです。まず、このマントラを使って自分自身に戻り、相手のために真に今ここに在ることができるように、心を静め安らいで、偽りのない心でこのマントラを伝えます。

第二のマントラは、「あなたがここにいてくれて、幸せです」。愛するとは、愛する人の存在を認識することです。自分のなかでこの貴重なマントラを伝える準備が整ったら、第二のマントラを伝えてください。あなたが一〇〇パーセントここにいなければ、相手の存在を確認することができないし、相手もほんとうにあなたに愛されていると感じることができません。

マインドフルに今ここに戻ると、愛する人の苦しみに気づけます。相手の苦しみに気づけたら、さらに今ここに戻る練修を深めて、相手のそばで第三のマントラを伝えます。「あなたの苦しみがわかります。あなたのためにここにいます」。苦しいとき、人は愛する人に気づいて欲しいのです。とても人間的で、自然な想いです。愛する人に気づいてもらえず、無視されたら、苦しみはいや増すばかりです。このマントラを使って、あなたの気づきを伝えてください――苦しみを知ってもらえることは、大きな安心・安堵となるのです。何らかの助けを実際に行う前であっても、苦しみを軽減することになるでしょう。

第四のマントラは、あまり頻繁に使う必要はありませんが、いざとなると、たいへん頼もしいマントラです。「私は苦しいのです。助けてください」。苦しいとき、特に、相手がその苦しみの原因であるとき、このマントラが役立ちます。最愛の人であれば、なおさら苦しみは深まります。その人のところに行って、誠心誠意、マインドフルにこころを込めて、第四のマントラを伝えます。「本当に苦しいのです。どうぞ助けてください」。難しいですが、きっとできるはずです。ただ少しばかり練修が必要です。苦しいと、一人になって自分にこもりがちです。相手が歩み寄って和解を持ちかけてきても、なかなか怒りを手放せないからです。これは人間として当たり前のことですが、愛するには互いの存在が必要で、苦しい時にはなおさらです。苦しいときには、苦しみを相手のせいにしてしまいますが、果たして、本当にそうでしょうか。もしかしたらあなたは間違っているかもしれません。相手はあなたを傷つけるつもりなどなかったかもしれないし、なんらかの誤解で、誤ってそのように認識してしまったのかもしれません。

このマントラを焦って使うのはご法度です。心の準備ができたら、ゆっくりと相手のところに行って、深く息を吸って吐いて、一〇〇パーセント自分にもどります。それから、心を込めてこのマントラを伝えます。気が向かないかもしれません。人の助けなどいらないと言いたいのかもしれません。プライドがひどく傷つけられてきたのかもしれません。しかし、愛する人との間にプライドを介在させてはいけません。真実の愛にプライドが入り込む余地などないからです。プライドがまだ残っているとしたら、そのプライドを真実の愛に変容する練修が必要でしょう。たゆまず歩き、坐り、マインドフルに息を吸って吐く練修、自分自身に戻る練修を続けると、苦しみの最後の処方箋である第四のマントラを使う心の準備が整っていくでしょう。

FIVE

The Power of Stillness

第 5 章

静寂の力

一九四七年、ベトナムのフエでのことです。当時私は、得度後、修行生活を送っている慈孝寺からそう遠くない報国《バオ・クオク》寺の仏教学院に住んでいました。あの頃、フランス軍が全土を占領して、フエに軍の基地があったため、フランス軍とベトミン軍の銃撃戦にさらされる毎日でした。(1)丘の上の住民は小さな砦を作って身を守っていました。夜になると村中が門を閉ざし幾晩もつづく激しい砲火にたえていました。翌朝目を覚ますと、前夜の攻防戦の死体が転がり、白い石灰で道路に書かれたスローガンが血に染まっていました。時折、僧侶がこの地域からあまり離れていない道を通ることはあっても、それ以外の人がこの地域に入ってくることはほとんどありませんでした——特に一時避難していて戻ってきたばかりのフエの住人は、誰ひとり近づきませんでした。報国寺は鉄道の駅に近く、いうまでもなく、危険地帯だったのです。

ある朝、月行事で、私は報国寺を出て慈孝寺に向かいました。早朝のことで、まだ草の葉の先に露がおりていました。布袋に儀式用の法衣と二、三の経典を入れ、手にはノンラー（ベトナムの菅笠）を握っていました。こうして慣れ親しんだ古刹に戻り、師匠や兄弟弟子に会えると思うと、ウキウキとして足取り軽く歩いていました。

ちょうど丘を越えようとしたそのとき、叫び声が聞こえてきて、丘の方から手を振るフランス兵の姿が見えました。私はてっきりからかわれているのだと思ったのです。こともあろうに僧侶の私に手を振っていたからです。くるりと背を向けて坂道を降りようとしたその瞬間、これは笑い事ではないとギクリとしました。兵士が走るドシンドシンという靴音がすぐ後ろまで迫ってきたのです。検問だろうか――抱えていた布袋のなかみを疑われたのかもしれない。歩くのをやめて待っていると、うつくしい細面の若い兵士が近づいてきました。

「どこへ行くのか」と彼はベトナム語で尋ねました。その発音から、この兵士はフランス人で、ベトナム語は堪能でないことがわかりました。

私はニッコリと微笑んで「ベトナム語がわかりますか」とフランス語で返事をしました。フランス語が喋れると分かると、兵士はパッと顔を上気させて、検問で追ってきたのではなく、尋ねたいことがあるのです、と言って、「あなたのお寺の名前を教えてください」

と言ったのです。

私が報国寺にいると答えると、興味を持ったようでした。

「バオ・クォク・テンプル……」と彼は復唱しました。「それは駅の近くの丘の上のあの大きな寺ですか」

私が頷くと、丘の横手にあるポンプ小屋を指差して――あそこがきっと監視所なのだろう――「急いでいなければ、あそこまで一緒に行って少し話ができないだろうか」と尋ねました。二人でポンプ小屋のそばに腰を下ろすと、五人の兵士と自分が十日前に報国寺に行ったときの話を始めました――夜の一〇時に寺に着いてベトナム人の抵抗分子、ベトミンの捜索に入ったのです。ベトミンがあの寺に集まるという報告を受けていたからというのです。

「拳銃を携えて踏み込みました。やつらを逮捕せよ、必要とあれば殺してもいい、と命令を受けていたのですが、寺に入ると唖然としました」

「寺の中はベトミンだらけだったのですか」

「いや違ったんです!」と彼は叫びました。「そこにいたのがベトミンだったらあんなに驚いたりはしません。何人いようが攻撃すればいいことでした」

私は混乱して言いました。

「では、一体なぜそんなに驚いたのですか」

「思いもよらないことが起こったのです。前に捜査に入ったときは、みんな蜘蛛の子を散らすように逃げるか、パニック状態に陥いるかどちらかだったのに」

「あまりに何度も怖い思いをしたので、恐ろしくて逃げるのですよ」と私は説明した。

「ボクは怖がらせたり脅したりしたことはありません」と彼は答えた。「きっとボクの前にやってきた兵隊たちに酷い目にあったから、ひどく怯えたのだと思います」

「寺の敷地に入ると、もぬけの殻のようでした。灯油ランプも弱火になっていました。わざと砂利を踏む音を立てて入っていきましたが――確かに寺のなかに人がたくさんいる気配があるのに、物音ひとつ聞こえないのです。恐ろしい沈黙でした。仲間が叫ぶ。不安が募る。返事がない。懐中電灯で入り口とおぼしき部屋を照らしたそのとき――そこに見たのは五、六十人の僧侶が静まり返って瞑想している光景だったのです」

「きっと夜の瞑想中だったのでしょう」と私は頷いた。

「不思議な目に見えない力に吸い込まれそうな感じでした」と彼は言いました。「怯んでしまって、向きを変えて中庭の方に引き下がりました。僧侶たちはボクたちを無視し、声も立てない。パニックも怒りも一切あらわしませんでした」

「無視したのではないのですよ。呼吸の集中の修行をしていたのです——ただそれだけです」

「静けさに引き込まれました」と彼は認めました。「畏怖の念に打たれて、中庭の巨木のしたに物も言えず立ち尽くして待ちました。半時間くらい待ったでしょうか。やがてたて続けに鐘の音が響いて、寺に動きが戻りました。一人の僧侶が火を灯して私たちを中に招き入れました。私たちは何も言えず、ただここに来た理由を告げただけで立ち去ったのです。ベトナム人に対する考えが変わり始めたのは、あの日からでした。

兵士は続けました。「こちらでもたくさんの若者がホームシックにかかっています。家族の元を離れ、国を出て、みんな寂しい思いをしています。ベトミンを殺すためにこの国に送られたのに、敵を殺すのか、敵に殺されて二度と祖国の家族のもとに戻れなくなるのか、誰にもわかりません。そして、この国の人たちが懸命に破壊された生活を再建しようとしている姿を見て、やはり破壊された故郷フランスの親戚たちの生活を思い出しました。あの僧侶たちの一点の曇りもない静謐な暮らしを見て、この地上に住む人間のことを考えました。私たちはなぜここにいるのだろう。ベトミンと私たちの間の憎しみとはなんだろう。彼らと戦うためにはるばるとここまでやってきたその理由とは何だろう」

深く心を動かされて、私は彼の手を取り、旧友の話をしました。フランスと戦うために軍隊に志願して、戦勝を続けた友です。ある日、私がいる寺にやってきて、私を抱きしめてわっと泣きくずれました。要塞の攻撃に出動して、岩陰に隠れていると、二人の若いフランス兵の話が聞こえてきたというのです。「二人のあどけない美少年のキラキラ輝く顔を見ているうちに、手がすくんで発砲できなくなってしまったんだよ。弱虫で根性がないやつだと誇られるかもしれない。ベトナムの兵士がみんな俺みたいなやつだったら、この国全土がフランス軍の手に落ちるのもそう遠い先のことではないだろう。しかしあの瞬間、僕は母が自分を愛してくれるように敵を愛した。この二人の若者の死が、フランスの母親たちを苦しめることが分かったから——ちょうど僕の母が弟の死を嘆いたように」

私はこのフランス人に言いました。「あの若いベトナム兵の心は人間への愛でいっぱいだったのです」

若いフランス兵士は、静かに座って物思いに沈んでいました。きっと彼も、私のように、以前にも増して殺戮の愚かさ、戦争の惨禍、おびただしい数の若者がただ分もなく残虐に殺されていくその苦しみに気づき始めていたのでしょう。

陽はすでに高く昇り、別れの時が来た。自分はダニエル・マーティという者で、二一歳で、高校を卒業してすぐにベトナムに来たと明かしてくれました。母親と弟と妹の写真も見せてくれました。私たちは心を通わせ、日曜日にお寺に来てくれると約束して去って行きました。

あれから数か月たち、約束どおり時間ができると私に会いに来るようになりました。道場で一緒に瞑想し、彼にタン・ルーン（Thanh Luong 清涼）という法名を授けました。「純粋で清々しい平和な生」という意味です。ベトナム語も教えました——軍隊で教えられたわずかな語句しか知らなかったからです。数か月もするとベトナム語で会話ができるまでに上達しました。もう前のように強制捜索に出動しなくてもよくなったと聞いて、心から安堵したものです。家族から手紙が来るといつも見せてくれ、合掌して挨拶もしてくれました。

ある日、タン・ルーンを精進料理に招いたことがありました。彼は喜んでこの招待を受け、美味しい料理を楽しみ、黒オリーブをことさら愛でていました。私の兄弟弟子が料理したいい香りのするキノコのお粥が特に美味しかったようで、これが菜食料理とはとても信じられなかったらしく、作り方を教えてやっと納得したようでした。

仏塔のそばに座って文学や霊性についての話に興じる日もありました。フランス文学を賞賛すると、タン・ルーンは国の文学への誇りにひとみを輝かせました。このように私たちの友情が深まっていったのです。

ある日、タン・ルーンが寺にやってきて、彼の部隊が別の地域に移動になるから、もしかしたらもうすぐ帰国が実現するかもしれないと話しました。

別れ際に、寺の三門（表門）まで一緒に歩き、別れの抱擁をしました。「手紙を書きます」

「楽しみにしているよ。私も返事を書くよ」

一か月のちに、一通の手紙を受け取りました。その手紙には帰国は果たせたものの、すぐにアルジェリアに配置換えとなったと書かれていました。また手紙を書くと約束しながら、彼からの手紙は途絶えました。タン・ルーンの消息はつかめません。無事だろうか。

だが、最後に会った彼は、和やかで落ち着いていた。あの寺で目撃した底知れぬ深さの沈黙の瞬間が彼を変えたのかもしれません。彼の心は生きとし生ける全てのもので満たされ、戦争の無意味さと破壊性をその目で見たのです。あの完全で本物の停止の瞬間と、沈黙という力強い癒しと奇跡の海への解放の瞬間が、この変容を導いたのです。

自己の本来の姿を現すには、体じゅうの空間を塞いている絶え間ない心のおしゃべりを止めなければなりません。まずは毎日、ちょっとの間、ＮＳＴラジオのスイッチを切って、代わりに心の空間を喜びで満たしてみてください。

マインドフルな呼吸

これまでお話ししてきたように、終わりのない考え事の連鎖から解放される一番簡単な方法は、マインドフルな呼吸の練修です。私たちはつねに呼吸していますが、呼吸に注意を払うことはめったにないし、楽しむことは稀でしょう。

マインドフルな呼吸はご馳走です。息を吸い（入息）、息を吐く（出息）その全過程に完全に心を集中すると、思いがけない喜びが湧いてきます。呼吸に注意を向けると、すべての脳細胞、体の隅々まで行きわたる細胞が一斉に同じ歌を歌いはじめます。

マインドフルに呼吸して
自分に戻る

体が呼吸している——
体はわが家
呼吸のたびに
わが家に戻る

あなたは悲しみ、怒り、孤独を自分の中に詰め込んでいませんか。入息と出息に意識をつなげると、これらの感情にとらわれることを恐れずに、それらの感情に楽に触れることができます。マインドフルな呼吸は、あなたにこう語りかけています。「心配しないで、ちゃんとわが家に戻っていますよ——この感情のお世話をしてあげましょう」

マインドフルな呼吸はあなたのホームベースです。願い事を叶えたかったら、家族や友だちとの関係を築きたかったら、地域の手助けをしたかったら、まずは呼吸の練修から始めましょう。マインドフルな一息一息、一歩一歩、一つ一つの行動があなたを守り育てる糧となります。

マインドフルネスのスペース──考えるよりまず始めよう

毎日の生活の中でマインドフルネスを育てて深める余裕などないと思い込んでいませんか。マインドフルな生き方とは、「瞑想」という追加項目を生活の隙間に押し込むことではなく、自分を新しい方向に導き、本当にやりたいことを思い出させることといった方が当たっています。瞑想室に閉じこもるもよし、マインドフルネスの時間が取れるまで待つもよしですが、それまで待つ必要はありません。静かにマインドフルに呼吸することはいつでもできることです。どこにいても、くつろいで穏やかな気持ちでそこにいられたら、その場所が神聖な空間になります。息とこころを一つにして、今ここの行動に集中し続けることができれば、そこが聖地です。

朝目覚めるとき、まだベッドのなかにいても、マインドフルな呼吸で一日を始めてみましょう。まずその瞬間を捕まえて、入る息、出る息を感じながら、これから始まる真新しい二四時間に気づいてください。これが人生の贈り物でなくて何でしょう！

私は得度して沙弥《しゃみ》（見習い僧）になったとき、マインドフルネスの練修として、短い偈頌《ガーター》をたくさん暗記しなければなりませんでした。最初に覚えた偈はこんなものでした。

今朝　目覚めて　私は微笑む
真新しい二四時間が　私を待っている
私は誓う　この瞬間《とき》を深く生き
まわりのすべてを　慈悲の目で見つめることを

この偈は四行からできています。一行目は入息です。二行目は出息。三行目でまた息を吸います。そして四行目で息を吐きます。呼吸をしながら、この偈をつかって、あなたがしていることの聖なる側面に心を集中します。今日の日に与えられた二四時間を、平和と幸福を実現するように生きたいと祈ります。この二四時間を無駄にしないと決心します。この二四時間はあなたの人生の贈り物で、日々新たにこの贈り物を受け取るのです。

心地よく坐ることができたら、坐る瞑想はマインドフルな呼吸の素晴らしい練修手段となるのですが、たいていの人はただ坐って、呼吸以外何もしないでいることはできないようです。みんなそれを不経済とか贅沢と考えます。「時は金なり」とはよく言われますが、時間はお金よりもはるかに大事で、「時は命なり」です。毎日欠かすことなく静かに坐る練修は、簡単でありながら、底知れぬ癒しの力をもたらします。マインドフルな呼吸だけに集中するには、止まって坐るのがベストです。

　食事のときに進んでテレビを消すことができたら、同じように、自分の呼吸、食べ物、食卓をかこむ仲間に注意を向けて、食事中に鳴り続けるNSTラジオのスイッチを消すことができるでしょう。キッチンの掃除や皿洗いをするときには、しっかりと目覚めて、愛と喜びと感謝の気持ちでやってみてください。歯を磨くときにも、マインドフルに磨きます。よそ事を考えないで、ただ歯磨きに集中します。歯磨きが数分かかれば、それはマインドフルネスの歯磨きになり、楽しく幸せな歯磨の時間になるでしょう。トイレに行っても、その時間が楽しめるようになるでしょう。マインドフルネスがすべてのものへの関わり方を変えていきます。何をしていても、いつでも今ここで楽しめるようになるのです。

　マインドフル・ウォーキング（歩く瞑想）は、もう一つの幸福な時間であり、前にもお話ししたように、癒しのチャンスとなります。息を吸ったり吐いたりしながら一歩ずつ踏み出すたびに、足裏が地球と接触する感覚を味わいます。マインドフルネスの一歩を踏み出すたびに、自分自身にもどります。一歩一歩が、体と繋がる導き手となって、今ここというわが家《ホーム》にあなたを連れ戻します。駐車場やバス停から職場に歩くとき、郵便局やスーパーマーケットまで歩くとき、一歩ずつ「わが家」に戻ってみましょう。

何をしていても、こころ静かに目覚めていれば、いつでも自分と繋がることができるのです。歩きながら歩いていることに気づかず、そこに立っていても、そこにいることに気づかない。心は自分の行為から何キロも離れているのです。こうしてここに生きているのに、自分が生きていることにも気づかず、自分が見えないのです。体と心を落ち着かせて、自分自身に戻ることは、まさに革命的行為なのです。坐って自分の空虚感にストップをかけるのです――自分が見えなくて空っぽで、自分が自分でないようなあの感じです。坐って、自分に戻り、自分に繋がるのです。スマホもパソコンもいりません。ただマインドフルに坐り、マインドフルに入出息を続けていると、ほんの数秒で自分自身につながります。これから先に起こることや、自分の体や感情、情緒や知覚作用に起こっていることが分かり始めます――そのときあなたはわが家に戻って、わが家を慈しんでいるのです。

きっと長い間家を留守にしていたのですね。家の中は散らかり放題です。自分に起こるいろんなことを無視してきた結果として、どれだけの失敗を重ねてきたことでしょう――その体がどのように感じ、どんな感情が湧き上がり、どんな誤った知覚作用で、どんな思いやことばが噴出してきたかなど、まったく気づかずにいたのです。

ほんとうのわが家に戻るとは、ここに坐って自分自身と一つになることです。もう一度自分自身と繋がって、あるがままの自分を受け入れることです。どんなに散らかっていても、その混乱を受け入れてください――これがもっと前向きに、もういちど新しく出直す出発点です。タン・ルーンのことをよく思い出します。彼はあの寺で深い沈黙の瞬間を体験して、その沈黙とともに、もう一度戦争という混沌のなかに戻って行きました。戦争という特殊な混沌にどっぷりと浸かっていても、いつでも沈黙の空間を見つけて、あるがままの状況の中で心の平和を見つけることはできるのです――おそらくこれが、混乱や窮境から抜け出す新しい道を示してくれるのでしょう。

北カリフォルニアの山岳地帯にある僧院でリトリートをした時のことです。リトリートが始まってすぐに、近くで大きな山火事が起こりました。坐禅や歩く瞑想のときに、多数のヘリコプターの爆音が聞こえてきました。どうあっても快音などと呼べるものではありません。私を含めた参加者の大半は、ベトナム人かベトナム系アメリカ人だったので、ヘリコプターの音は、銃砲、死、爆弾、そして、さらなる死を意味していました。残酷な戦争を生き延びてきたのです。唸り続けるヘリの音を聞いていると、あの暴力の時代を思い出して、心が乱れるのです。戦争を体験したリトリートの参加者でなくとも、あの爆音は心をかき乱す音でした。

しかし、ヘリコプターは立ち去る気配もなく、こちらも瞑想をやめるわけにはいきません。そこで、マインドフルネスでヘリの音を聴く練修に切り替えました。鐘の音などの心地よい音を聴くと、誰でもその音に集中したくなります。快音に集中すれば、簡単に今ここに戻り幸せを感じることができますが、今は、積極的にヘリの音に集中する方法を学ばなければなりません。マインドフルネスのおかげで、音に反応している自己に、あの騒音は戦時下で作戦行動中のヘリコプターではないと思い起こさせることができたのです。このヘリコプターは猛威をふるう火炎を消化してくれていると気づいて、不快な感情を感謝と理解の感情に変容することができたのです。ヘリコプターの音が数分おきに聞こえてきたので、あの音をマインドフルネスの練修に取り込まなかったら、さぞかししつこく長い苦行になっていたことでしょう。

六〇〇人近いリトリートの参加者が、ヘリコプターの音を聞きながら、一斉に、入息、出息の練修をしたのです。鐘の音を聴く偈をこの状況に合うように変えて練修してみました。

お聴きなさい
お聴きなさい
このヘリコプターの音が
私を　今この瞬間に　連れ戻してくれる

これはとてもうまくいきました。こうしてヘリコプターの爆音が役にたつものに変えられたのです。

人生の五分間

瞑想をはじめたばかりの人は、マインドフルにゆっくりと歩くことに毎日五分間捧げてみて下さい。一人で歩くときは、お好みの速さでゆっくりと歩きます。初めは、入息とともに一歩、出息とともに一歩と、とてもゆっくりと歩みを進めます。息を吸いながら、一歩ふみだします。一息で一歩ずつすすんでいくと、考え事が完全に止まります。まだ考え事をしていると気づいたら、ちょっと立ち止まり、その場でマインドフルに入息と出息を繰り返して、考え事が完全に止まるまで待ちましょう。あなたはそれを感じることができます。マインドフルな状態になると、肉体的にも精神的にも何かが実際に変わるのです。

そのように一歩を踏みだすことに成功したら、二歩目も同じように歩けるとわかります。ほんの五分から始めますが、いつの間にか歩くことがとても楽しくなって、毎日何回でも五分間ウォーキングをやってみたくなるかもしれません。

現代人は多忙で、いつも今ここ、現在の瞬間から引き離されています。自分のいのちを真に生きるチャンスを失っているのです。マインドフルネスがこのことに気づかせてくれます。気づけばすでに悟り・光明です。この悟り、この目覚めの一歩から始めてみましょう——いのちから引き離されることのないように、幻ではなくほんとうの自分を生き、ほんとうに立ち止まりたいならば。マインドフルに坐り、呼吸し、歩けば、止まることができるのです。マインドフルな歯磨きも同様です。毎日、何をしていても立ち止まる練修を実践してみて下さい。もちろん、車の運転中も例外ではありません。

そんなふうに　自由に
そんなふうに　手放すと
癒しが生まれ　人生が立ちあがる
そして　喜びも

最近、ワーク・ライフ・バランスという言葉が話題にのぼります。私たちは仕事と私生活を切り離して考えがちですが、切り離さなければならないというものでもありません。車で出勤して駐車場に止めたあと、マインドフルに歩いて楽しく事務所に入ることもできれば、気もそぞろに大急ぎで職場に駆け込むこともできるのです。歩く距離は変わりません。どのように歩いて、どのように目的地に着くかその方法がわかったら、駐車場から事務所までの一歩一歩のあゆみが、喜びと幸福の時間になるでしょう。一歩あゆみ出すごとに、体の緊張がほぐれ、一歩ごとに人生の不思議に触れることができるのです。

マインドフルに歩くとは、歩くことに一〇〇パーセント自分を投げ出すこと、歩くことに完全に自分を捧げることです。一歩一歩に気づくとは——習慣のエネルギーに引っ張ってもらうのではなく、あなた自身が歩みを進めるのです。あなたがあなたの主権者です。

あなたは決定権を持つ王、女王です。決然と歩く意志をもち、一歩一歩のなかで解き放たれるのです。意図的な一歩のあゆみ、マインドフルな一歩で、いのちの不思議に触れるのです。この一歩に今ここで手に入る命の不思議議があるのです。このように歩いてみて下さい。心と体のすべてをそっくりそのままあなたの一歩に投げ出すのです。考え事をしながら歩いてはいけないのはこのためです。考え事もおしゃべりもご法度です。考え事をすると、その一歩が盗み取られ、おしゃべりをすると、その一歩が奪い取られてしまうのです。

このように歩くことは喜びです。マインドフルネスと集中力が伴えば、あなたは完全にあなた自身となり、自分を見失うことはありません。ひとりのブッダとして歩きましょう。マインドフルネスがなければ、歩くことが義務や負担、面倒で退屈な仕事になります。マインドフルネスがあれば、歩くことがそのまま自分のいのちを生きることとわかるでしょう。

同じように、食後の皿洗いも、洗い方によっては、単調な骨折り仕事にも、人生のかけがえのない瞬間にもなるのです。皿洗いを楽しめる方法があります。床掃除も、朝食の準備も、マインドフルなやり方を心得ていたら、どんな仕事もノルマではなく、生きることそのものとなるのです。

生活と仕事を分けることに執着する人は、人生のほとんどを棒に振ってしまいます。マインドフルネスや心の余裕（空間）、そして喜びを、遊びや瞑想の時だけでなく、生活全体に及ぼす方法を見つけてください。日常の一つ一つの行動をほんの5分間マインドフルに行えたら、アタマで仕分けた生活と仕事の境界線が消えて、日々のすべてが自分自身のための時間となるでしょう。

プラクティス――歩く瞑想

空中浮遊をしたり、水の上や火の上を歩くことは奇跡といわれますが、私にとってほんとうの奇跡は、地上を平和に歩くことです。母なる大地そのものが奇跡だからです。一歩一歩の歩みが奇跡です。この美しい惑星のうえを意識的に歩くことは癒しであり、幸福です。歩く瞑想は今この瞬間、いのちの現場に戻る素晴らしい方法です。

歩く瞑想の練修をするときには、足裏や地面、そして両者の接触に十分に気づいてください。ゆったりと自然な呼吸に戻り、歩みを呼吸に合わせます。くれぐれも逆にしないように。入息しながら数歩あゆみ、出息しながらまた数歩あゆみます。出息の方が長くなれば、それに合わせて歩数を増やしてください。周りにあまり人がいない時には、時と場所を見計らって、入息に一歩、出息に一歩とゆっくりと歩いてみると、素晴らしい癒しになります。入息と出息ごとに、心の中で呟いてください。「(息が)入る」「(息が)でる」、あるいは「着いた」「わが家に」。こうして一歩一歩、今この瞬間という本当のわが家に到着するのです。

自分を見失ったり、混乱状態に落ちいったり、あるいは、気怠さを感じることがあっても心配いりません。マインドフルに呼吸し、坐り、歩くのに、なんの努力もいりません。ただ呼吸し、ただ坐り、ただひたすら歩くだけで十分なのです。体の動きと一つになって、ただひたすら歩きます。

二〇〇三年のある日、韓国でのリトリートのときです。ソウル市街地での歩く瞑想にはすでにたくさんの人が集まってきていました。カメラマンやレポーターが大挙して押し寄せて身動きできなくなり、私は立ち往生していました。そこでこう唱えてみたのです。「親愛なるブッダよ、私は動けません。どうぞ、私の代わりに歩いてください」私が一歩踏み出すとたちまち道が開いて、無事歩く瞑想を続けることができたのです。こんな経験のあと、次の偈を書きました。今でも歩く瞑想にはこの偈を使っています。きっとあなたにも役に立つでしょう。

ブッダに　呼吸してもらう
ブッダに　歩いてもらう
私は　呼吸しなくていい
私は　歩かなくていい
ブッダが　呼吸している
ブッダが　歩いている
私は　呼吸を楽しむ
私は　あゆみを楽しむ
ただ　呼吸があるだけ

ただ　あゆみがあるだけ
呼吸をする人も
歩く人もいない

SIX

Paying Attention

第6章

注意をそそぐ

自分自身というわが家に戻る練修をしてマインドフルネスの時間を増やすほど、もっと多くの苦しみに気づくようになります。マインドフルな呼吸と静まりのおかげで、喜びのタネに触れることができても、（初心者の場合は特に）心の底に潜む痛みにも触れ始めるからです。今まで避けていた苦しみが意識にのぼるのです。

苦しみから逃げたくなるのは自然なことですが、もし苦しみが一切なかったら、十全な人間的成長は望めません。

苦しみをこのように捉え直したら、苦しみはだんだんと減っていき、苦しみ自身ももっと簡単に変容していくようになります。

逆に、苦しみから顔をそむけて、心の隅っこに押し込んでしまったら、苦しみは長く尾をひくばかりです。

苦しまなければ
理解と慈悲を育てる　基盤も原動力もない
苦しみこそが大事
学ばなければなりません
気づきの力が高まるとともに
苦しみを認め　抱きしめることを

沈黙を避けたいのがひとの常です。沈黙を避けることで、苦しみも避けられると思うからです。しかし実際には、気づきをもって自分自身というわが家に戻るためには、静かな沈黙の時間をもつことこそ、苦しみを癒す唯一の道なのです。

苦しみを認める

苦しみを認め、抱きしめ、変容する――この方法を伝えることが私が目指すことです。これはひとつの技術《アート》です。平和な心で苦しみに微笑みかけられるようになりたいのです。

泥に微笑みかけるのは、泥があって（そして泥のうまい利用法を知っていて）はじめてハスの花が咲くからです。

苦しみの根（原因）は深いのです。もとの傷がとうの昔に癒えても、心の痛みとしてしぶとく残るものだからです。これに対して、フランス語で「小さな不幸《レ・プティット・ミゼレ》」と呼ぶもの、日々私たちの心をすり減らす小さな苦しみもあります。このような小さな不幸の扱い方を知っていたら、単調な日常生活の犠牲にならなくて済むでしょう。大きな痛手、小さな不幸のいずれにせよ、苦しみが心のしこりとなってしまったら、これを認め抱きしめる手当てが必要です。

その苦しみは、両親や先祖から伝えられたものかもしれません。その苦しみを認め、抱きしめ、変容することができたら、自分のためだけでなく、両親や先祖にもそうしてあげることができるのです。

痛みは避けられません。どこにでもあります。人間としての個人的・集合的苦しみだけでなく、自然界にも苦しみがあります。地球のどこかで毎日のように、天災や人為的な災難・凶事が起こっています――津波、山火事、飢饉、そして戦争です。飲み水、食料、医薬品がないために、罪のない子どもたちが毎日命を落としています。直接に関わりがなくても、私たちみんながこの現実に関わりがあるのです。あの小さな赤ちゃん、あの老婆、あの若い男女を見つめてみてください。彼らが死ぬとき、死んでいるのは私たち自身でもあるのです。もちろん、私たちがこうして生きていれば、彼らもまた生きているのです。これが瞑想のちからです。この深い真実が理解できれば、自分の意志や願いを育てて、他者も私たちと同じように生き続けられるように、手助けができるようになるでしょう。

自己の島

誰でもわが家の敷居をまたぐと、ほっと緊張が緩み羽根を伸ばしてありのままの自分に戻ります。温もりと、心地よさと、安全と、満ち足りた気分がそこにあるからです。ホームとは孤独が癒える場所ですが、いったいわが家はどこにあるのでしょうか。

ほんとうのわが家は
自分のなかにある　平和な場所
ブッダが「自分の島(1)」と　呼ばれたところ

人は知らない　わが家の在り処を
人は知らない　自分が何処にいるかさえ
内も外も騒音に満ちているから
自分の島を見つけなさい
静寂のなかに

具合が悪い、心が波立って悲しい、不安でいたたまれない——そんな時にはすぐにマインドフルな呼吸によって、マインドフルネスの島に帰還しましょう。苦しい経験をしていないときでも自分の島にもどって、いつでもマインドフルネスの練修をしていたら、いざことが起こった時にはるかに落ち着いて、楽しみながらあの安全な場所、わが家に戻ることができるのです。マインドフルネスに出会えてあなたはラッキーです。どうかこの練修をうまく使って、ほんとうのわが家につながる力を育ててください。どうぞ津波に襲われるまで自分の島に戻るのを待ったりしないでください。毎日をマインドフルに生活しながら、出来るだけ自分の島に戻る練修を続けましょう。そうすれば、避けがたい困難な瞬間が実際に到来したとき、すぐに楽々とわが家に戻ることができるでしょう。

マインドフルに歩き、呼吸し、食べ、お茶を飲む――これはすべてわが家に戻る具体的な方法です。毎日何度でも楽しく練修してみましょう。あなたの中にマインドフルネスのタネがあります。タネはいつでもそこにあり、入息と出息もいつでもここにあります。あなたの中に島があるのです。マインドフルネスの力でこの島に戻るには、日々の練修あるのみです。

ココナッツ僧侶

ベトナムにココナッツお坊さん(2)というあだ名の僧侶がいました。ココナッツの木に台座をつくって坐禅修行をするのが好きだったからです。木の上は涼しいですからね。若い頃、このお坊さんはフランスで勉強してエンジニアになったのですが、帰国してみると各地で戦争が激化していました。もうエンジニアなどやっている場合ではないと、僧侶になって修行を始めたというわけです。彼はナット・チ・マイ(3)を称えて一通の手紙を書きました。彼女はわが身を焼いて戦争の終結を求めた私の在家の弟子でした。ココナッツお坊さんは書きました。「私もあなたと同じように身を焼いています。ただ一つの違いは、あなたよりもっとゆっくりと身を焼いているのです」。彼は自分もまた平和への呼びかけに生涯を捧げている、と言いたかったのです。

ココナッツお坊さんは平和を説くために働きました。あるときは、メコンデルタに修行道場をつくって、人々を呼んで一緒に坐禅をしました。また近くの弾丸や爆弾の破片を回収して、大きなマインドフルネスの鐘を鋳造して道場に釣るし、昼も夜も鐘の音を招きました。こんな詩も書きました。「愛しい弾丸さん、愛しい爆弾さん、あなたたちを一つにして、修行を助ける鐘にしました。生前は人を殺して破滅させたかもしれませんが、今生では人を目覚めさせるために働いています。慈悲と愛と理解に目覚めよ」と。彼は毎晩、毎朝、この鐘を招きました。鐘はまさに変容の可能性を象徴するものだったのです。

ある日、平和の訴えを携えて大統領官邸に行きましたが、門衛に阻まれて中にも入れず話も聞いてもらえず、とうとう沈黙の行に入ったのです。官邸の門の外に座り込んで夜を明かしました。その日、彼はネズミと猫を鳥かごに入れて連れてきていました。二匹は仲良くするようにしつけられていたのです。猫がネズミを食べないのです。門衛が尋ねました。「お前は何をしにここに来たのだ」。ココナッツお坊さんは答えました。「大統領にお見せしたかったのです。猫とネズミでさえ仲良く平和に暮らしていることを」みんなに自問して欲しかったのです――猫とネズミでさえ仲良く暮らせるのに、人間同士はどうしてできないのか。

ココナッツお坊さんは一日中ほとんど一人で沈黙の暮らしをしていました。彼の深き願望と意志は、国のためにもっと平和な環境を作り出す一助となりたいということでした。これを実行するためには、ぶれない明晰な心が必要です。狂気の沙汰と思う人もいるかもしれませんが、それは違います。彼こそ平和の戦士でした。揺るぎなく自らの島を生きた人でした。

孤独《ソリチュード》

「自分の島」ということばを聞くと、一人ぼっちで、人間もそのほかのすべても生活からシャットアウトして生きることだと考えるかもしれませんが、この練修、この種の「孤独な生活」とは、周りから誰もいなくなることではなく、今ここにしっかりと自分を確立することを意味します。今ここ、現在の瞬間に起こるすべてに気づいて生きるということです。

マインドフルネスをつかって、自分の感情や知覚作用、自分のすべてに気づき、地域や身の回りで起こっているすべてに気づいていきます。いつも自分とともにあり、自分を見失いません。これが孤独《ソリチュード》の生活をより深く生きることです。

孤独《ソリチュード》の練修とは、過去に囚われることなく、未来に心を奪われることなく、刻々と今この瞬間を生きる（存在の）実践です。特に群衆に押し流されないことです。森に入る必要はありません。誰かと同居もできるし、買いものにも行く、誰かと一緒に歩くこともできます――このように暮らしながら、沈黙と孤独《ソリチュード》を享受するのです。今の社会はモノに溢れ、騒がしく注目や反応を求めるものに取り囲まれているので、内なる孤独《ソリチュード》を学ばなくてはなりません。

毎日実際に人から離れて過ごしてみるのもいいでしょう。楽しく過ごせるのは、誰かと一緒に談笑したり遊びまわったりしているときだけだと思っていませんか。孤独《ソリチュード》の中にも大きな喜びや幸福があります。その喜びはとても深いので、もっと多くを分かち合うことができます。孤独《ソリチュード》の中で培われた深い喜びや幸福には、与えるものが多くあるのです。一人でいるという孤独《ソリチュード》の力がなければ、その力は枯渇するばかりです。自分を養い育てる養分が不足してくると、人に与える力は残りません。だからこそ、孤独《ソリチュード》の生活を学ぶことが大切なのです。

毎日少しでも一人になる時間を作ってみてください。そうすれば、自分を養い深くみつめる練修が楽になります。しかし人ごみの中で深く見つめる一人修行ができないという意味ではありません。もちろん可能です。賑やかなショッピングセンターに座っていても、群衆に流されないで一人になることはできるのです。それでもあなたはあなた自身で、あなた自身の主人です。活発なグループ会議をしているときでさえ、そして、その場が強い集合的感情に支配されている時でも、一人になって自分自身でいることはできるのです。しっかりと自分の島に住み続けることができるのです。

孤独《ソリチュード》には二つの次元があります。両方とも大事です。第一は物理的孤独、二番目は、人の輪のなかにいても自分を見失わず、冷静でいることです。孤独《ソリチュード》のなかで心地よくいられるからこそ、外界と交わる力が出るのです。あなたと心を通わせることができるのは、私が完全に自分自身とともにあるからです。とてもシンプルです――真に世界と繋がるには、まずは自分に戻り、自分自身と繋がらなければなりません。

習慣の力よ、さようなら

誰でも習慣のエネルギー（習気《じっけ》）の塊を抱えています。習慣のエネルギーは同じ行動を何千回も繰り返させる無意識のエネルギーです。いつも走り回り、何かに駆り立てられ、過去や未来の思いに没頭し、苦しみを人のせいにするのも習慣のエネルギーです。今この瞬間に平和で幸福になる力を阻害するのも習慣のエネルギーです。

習慣のエネルギーは世代を超えて先祖から伝えられ、私たちもまた、それを強化しています。それはパワフルなエネルギーです。こんなことをしたり、あんな非難がましいことを言ったら、人間関係をぶち壊してしまうことがわかっているので、言ったりやったりしたくないのに、理性的には分かっているのに、追い詰められると、破壊的だとわかっていることを言ったりやったりしてしまいます。なぜでしょうか。習慣のエネルギーは私たちより強いからです。いつも習慣のエネルギーに押し切られるのです。マインドフルネスの練修は、この習気からの解放を目指しているのです。

ある日インドで友人とバスに揺られて不可触民《ダリット》の住む地区に向かっていたときのことで

す。インドの諸州を一緒に巡回して、講演会やマインドフルネスのリトリートを開催する旅の途中でした。バスの窓の外には素晴らしい景色が広がり、ヤシの木々、寺院、水牛や水田が見えました。すっかり夢中になって楽しんでいる私の隣で、友人はとても緊張しているように見えました。どうみても私のようには楽しめていないのです。苦悶している彼に、こう話しかけました。「ねえ君、何も心配することはないですよ。この旅を快適なものにして私を楽しませたいと思っているのは分かるのですが、私はもうこんなに楽しんでいるのですから、もっとくつろいだらどうですか。シートにもたれ、微笑んでくださいよ。いい景色じゃないですか」

「そうですね」と言って、気持ちよさそうにシートにもたれてくれるのですが、数分たって彼の方を見ると、また前と同じように緊張しているのです。すぐにそわそわして落ち着かないそぶりに戻っているのです。彼は何千年もの間続いてきた葛藤を手放せないでいました。今ここにどっぷりと安らいで、この瞬間に深く触れること――私はこれまでずっとこのように修行してきました――が彼にはできないのです。実は、彼は不可触民の出身だったのです。家族ができ、快適なアパートに住み、仕事にも恵まれているのに、内面では習慣のエネルギーをそっくりそのまま抱えて生きているのです。昼も夜も夢の中でさえ、過去何千年ものあいだ祖先が抱えてきた苦しみと格闘しているのです。どうしても手放して楽になることができなかったのです。

私たちの先祖は彼の先祖よりも幸運だったかもしれませんが、今もたくさんの人が同じように悩み、不安な毎日を送っています。くつろいで、今ここに安住できないのです。どうしてひたすら走り続けなければならないのでしょうか。朝食を準備していても、ランチを食べていても、歩いていても、座っていても、いつも走り続けています。年がら年中、何かに突き動かされて、いったい何に向かって走っているのでしょうか。

ブッダの名言があります。「過去を思って悩むなかれ、過去はもはや過ぎ去ったもの。未来を悩むなかれ、未来は未だ来たらぬもの。あなたの前には生きるべき一瞬があるのみ。それが現在の瞬間だ。今この瞬間に戻り、この瞬間を深く生きよ。そうすれば解き放たれるであろう(4)」

二つのしこりを解く

二種類のしこりがあります。最初のしこりは私たちの観念や考え、概念や知識です。誰にでも観念や考えはありますが、それに捕われれば不自由になり、人生の真実に触れるチャンスを失います。二番目のしこりは、恐れ、怒り、差別、絶望、傲慢といった苦悩や苦しみの習慣です。自由になるためには、これらを取り除かなければなりません。

二つのしこりは、脳や意識に深く彫り込まれて、私たちを束縛し、駆り立て、やりたくないことをさせようとし、言いたくないことを言わせてしまいます。ここに自由はありません。真の願望からではなく、習慣的な恐れや根深く染み込んだ観念や考えで行動するところに自由はありません。

あなたがこの本を読むとき、あるいは瞑想をするとき、その真の目的は、観念や概念を増やすことではなく、そこから自由になることです。前に仕入れた観念や概念を新しいものに入れ替えたり、幸福の観念を次々と追いかけたり取り替えたりするのもやめなくてはなりません。

習慣のエネルギーという心の深いところで働く行動パターンがあって、私たちは毎日この目に見えない力のなすがままになっています。私たちの行動や反応は、この性癖に影響されているのですが、心は本来、柔軟なものなのです。神経科学者がいうように、脳には可塑性があるので、習慣のエネルギーは変容できるのです。

幸福とは
立ち止まって
現在の瞬間に気づくこと
未来に幸福にはなれない
幸福の実現は
信仰の問題ではなく
経験だから

体の動きが止まると、心のおしゃべりが大きくなることがあります。心のおしゃべりやたえまない知覚の興奮状態が止まると、広々とした空間が実感できるようになり、真新しい充実した人生を生きるチャンスが生まれてきます。

沈黙のためのスペースがなければ、幸福にはなれません。これは直接の観察と体験からわかるので、脳科学者の計測器に頼る必要はありません。通り過ぎる人を観た瞬間、その人が幸福かどうか、落ち着いているか苛立っているか、優しいかどうか、おおかた言い当てることができるのです。沈黙がなければ、今この瞬間に生きられません。今の瞬間こそが、幸福を見つけるまたとない絶好のチャンスなのです。

アングリマーラ

ブッダの時代に、アングリマーラという男がおりました。名高い連続殺人鬼でした。苦しみが山のようにつもり、憎しみに埋もれていました。

ある日、この男が街に現れて、住民をパニックに陥れました。ちょうどそのときブッダとその僧団が街の近くに滞在しており、ブッダが朝の托鉢にやってきたのです。町民の一人がブッダに懇願しました。「尊師さま、この街を歩かれるのはたいへん危険です！　我が家においでください。食事をさしあげたいのです。アングリマーラが今この街にいるのです」

ブッダは応えました。「心配ご無用です。私の修行は外を歩いて家々を回ることです。一軒だけで施しをいただくことはできません。ただ日々の糧をいただきに来たのではなく、民に触れ、施しの実践の機会を与え、そのお返しに仏法を伝えるのが私の仕事です」こう言ってブッダは信者の懇願を退けました。ブッダには托鉢を続けるための十分な安定感と精神力と勇気が備わっていたからです。ブッダは出家する前は優れた武術家でもあったのです。

穏やかな集中のなか、ブッダは托鉢椀を手にして、マインドフルに一歩一歩を味わいました。托鉢が終わり、森を抜けようとしたとき、誰かが背後に走りよる音が聞こえました。アングリマーラだな、とブッダは気づきました。アングリマーラにとって、こんな怖れのない人を見るのははじめてでした。恐怖で硬直した不運な人をのぞけば、アングリマーラが近づくと誰もが血相を変えて逃げまどうのがつねだったのです。

ブッダは違っていました。平然と歩き続けたのです。アングリマーラは激怒しました。そんなはずはない。自分を見てこのように慌てることも動揺することもなく歩く者がいるとは。ブッダはマインドフルに状況を把握し、脈拍は安定し、アドレナリンが噴出することもなく、大慌てで、戦うべきか逃げるべきかを算段することもありません。いつものように平静です。修行のおかげです！

追いついてきたアングリマーラが叫びます。「坊主、坊主、止まれ！」ブッダは平然と、うららかに、堂々と歩きつづけます。平和そのもの、無畏そのものの姿で。ブッダのそばにやってきてアングリマーラが叫びました。「坊主、なぜ止まらない。止まれと言ってるんだ！」

ブッダは平然と歩きながら、「アングリマーラよ、私はすでに長い間止まっている。止まっていないのはお前の方ではないか」

アングリマーラは肝をつぶしました。「何を言うか！　お前はまだ歩いているのに、すでに止まっているというのか？」

ブッダは本当に止まるとはいかなることかをアングリマーラに語りました。「アングリマーラよ、お前がしていることをつづけるのはよろしくない。お前は多くの人の苦しみだけではなく、お前自身の苦しみもつくりだしているのだ。お前は愛し方を学ばなければならない」

「愛だと？　この俺に愛について語ろうというのか。人は残虐なものだ。どいつもこいつも皆殺しにしてやる。愛などあるものか」

ブッダは優しく言います。「アングリマーラよ、お前の大きな苦しみが私にはわかる。お前の怒り、憎しみは底が知れない。だが、周りを見渡せば、心優しい人々が見えるはずだ。お前は私のサンガの僧や尼僧、在家の弟子たちに会ったことがあるか？　みんな慈悲深く、平和に満ちている――皆が認めるところだ。愛が存在するという真実に目を閉ざしてはならない。愛することができる人々を、その目でしかと見るのだ。アングリマーラよ、止まれ」

アングリマーラは言いました。「もう遅い。もう止まることなどできない。できたとしても、誰も許してはくれない。即座に殺されてしまうだけだ。生き残るためには、止まれない」

ブッダは言いました。「友よ、遅すぎることはない。今、止まるのだ。お前を友として助けよう。サンガがお前を守ってくれるだろう」これを聞くや否や、アングリマーラは刀を投げ捨てて跪き、僧団のサンガに受け入れられたいと乞いました。アングリマーラは僧院一の勤勉な修行者となり、完全な変容を遂げました。すっかり穏やかな人に変身して非暴力の化身となったのです。

アングリマーラが止まることができたように、誰もが止まることができるのです。あの殺人鬼ほどに騒がしく、悩み多く、錯乱した者はいませんでした。沈黙の安らぎは止まらなければ得られません。どんなに速く走り、どんなに厳しく自己を駆り立てても、沈黙の安らぎには手がとどかないのです。それは何処か別のところにあるのではなく、「今、ここ」にあるからです。本当に止まった瞬間に、動きと心の騒音がほんとうに止まったとき、癒しの沈黙が姿を現します。沈黙は喪失（欠乏）ではありません。こころに静止と沈黙の空間が多ければ多いほど、それだけいっそう、自他ともに与えられるものが増えるのです。

プラクティス――自己という島

ブッダが最後の病に伏せられたとき、この世を去ったあとの弟子の戸惑いを思い、自分以外の何物にも頼らず、自分の島に避難する教えを説かれました。意識的呼吸でマインドフルネスを生みだし、自己の島に戻って内なる師を見つけよと諭されました。

その島には、陸と同じように、鳥がさえずり、木々が茂り、小川が流れています。内と外の本当の境界など究極的には存在しません。あなたがそこにいなければ、本当にあなたの島に戻らなければ、外界との真の接触はないのです。内と深くつながれば、外とも繋がり、逆もまたしかりです。本物のつながりは、マインドフルネスと集中力が十分に生み出されたときに実現します。自分の島に戻るとは、第一にマインドフルネスと集中力を生み出すことを意味します。

プラム・ヴィレッジに「自己の島」という歌があります。坐禅や歩く瞑想のときに、ガイド付き瞑想として、この偈を使ってみたらどうでしょうか。

息をすって
わたしは　もどる
わたしの中の
あの島に

この島には
美しい木々がしげり
澄みきった小川がながれ
鳥がさえずり　陽光と
おいしい空気がある

息をはいて

私は　あんしん
喜びながら　もどっていく
わたしの島へ

SEVEN

Cultivating Connection

第 7 章

つながりを育てる

人類史上、現代ほどコミュニケーション手段が多様化した時代があったでしょうか。携帯電話、携帯メール、Eメール、オンラインのソーシャル・メディアが溢れるなかで、使い手相互の距離は遠ざかるばかりです。家族間、社会間、国家間のリアルな意思疎通も希薄化するばかりです。

確かに近代文明は、人の話を聞いたり話したりする発話技能を十分に涵養してきませんでした。どのように互いの話を聞いたらよいのか分からないのです。心を開いて誠実に自分を表現したり、ひとの話に耳を傾ける貴重な能力を欠いた人が増えています。コミュニケーションがうまく取れないと、こころのエネルギーが内部に閉ざされて心が病み、病が高じると苦しみが生まれ、その苦しみは他者に拡散されていきます。

もっと人との繋がりが欲しいからといって、もっとEメールを送るのではなく、今まで以上にしっかりと相手に耳を傾けるのです。深く聴くと理解が深まり、理解が深まれば、もっと大きなつながりへと広がっていきます。深く聴くには、ただ頑張るだけではダメなのです。まずは「沈黙からはじめる練修」に時間をかけてみましょう。あなた中のNST《ノン・ストップ・シンキング》ラジオのスイッチを切ることです。

マインドフルネスで繋がる

誰もがみんな繋がりたいのです。大抵の人はスマホやEメールで繋がろうとします。テキストやEメールを受け取ると、神経化学的な快楽を感じるようになり、受信機が手元や近くにないと、不安になってしまうのです。

わたしは携帯を使いませんが、友人や弟子と繋がっていないと感じたことはありません。いつも彼らのことを考えているからです。少しばかり時間がかかりますが、いつもペンと紙で手紙を書きます。友人への手紙は、ほんの一頁書くのに、数日、あるいは、一週間もかかることがありますが、書きながら友人のことを、何度も、何度も思い浮かべます！直接会いにきてくれる友人もいます。電話で話をするほど頻繁に話さないのですが、会うといっしょに過ごす時間を心から楽しみます。互いにしっかりと見つめ、注意深く耳を傾けます。彼らの言葉はとても大切です。次に会えるまでしばらく聞くことができないからです。

話をしなくても通じあえる良き友がいますか。心の友とでも呼べるような深く得難い友です。恩師ならば、確かに得難い霊的な友《スピリチュアル・フレンド》と呼べるでしょう。真の師とは、沈黙への恐れをもたない自由人のことです。もしかしたら恩師とも呼べない若者が霊的な友かも知れません。そのような心の友が一人でもいれば、あなたはとても恵まれています。霊的な友に会えるのは、優曇華《ウドゥンバラ》の開花ほどに稀なことだと言われます。三〇〇〇年に一度だけ咲く花です（優曇華の学名はフィクス・グロメラタといい、イチジクの仲間です）。

霊的な友に出会えたら、その人の存在をありがたく感じることが大事です。霊的な友とは、理解に目覚め、幸福で、自由な人です。その人の元に避難したら、あなたも目覚めて、理解と自由のタネに水やりができるようになります。感情的・物質的な慰めも、お世辞や毎日の電話もいりません。できあいのプレゼントもいらないし、特別扱いもいらない、そんな人です。

時間を大切に使ってください。くだらない期待で時間を無駄にしていたら、霊的な友がもたらしてくれる本物のギフトの恩恵にあずかることができなくなるかもしれません。彼らが様々な状況の中でどのように行動するかをしっかりと観察すれば、貴重な智慧が得られるでしょう。そうすれば、彼らの本物の目覚めた理解を、あなたも体験することができるのです。一日中そばに座って認めてもらったり、注目してもらう必要などありません。何かをしてもらったり、与えてもらう必要もあません。ただ彼らの存在の香りを味わっていればよいのです。

誰でも霊的な友になれるものです。もしかしたら、あなたが想像しているような人ではないかもしれませんが、こんな友が見つかったら、それこそが人生の至福です。

愛の沈黙を育てる

誰かと一緒に暮らしていると、馴れからくる心地よい沈黙が生まれますが、この状態を放っておけば、その相手がいるのが当たり前になってしまいます。『星の王子様』の著者アントワーヌ・ド・サン＝テグジュペリはこう書いています。「愛はお互いを見つめあうことにはなく、一緒に同じ方向を見ることだ(1)」しかし彼は、同じ部屋に一緒に座ってテレビをぼーっと見ることを語っていたわけではないでしょう。

いまふたりでテレビを見ている理由はおそらく、昔はただ見つめあうだけで幸せだったのに、今は見つめあっても昔ほどの幸せを感じないからです。二人が出会ったあの頃、愛する人は天使のようにキラキラと輝いていました。「あなたなしには生きられない」などと言ったかもしれません。互いの声は、小鳥の甘いさえずりのようだった。見つめ合えば、世界が太陽のように輝いていた。今、お互いを見つめても声を聞いても、もうあの頃のような喜びは湧いてこない。きっと喧嘩ばかりの人生で、和解の方法も幸せ探しも知らないままに過ごしてきたのかも知れません。二人がもう一度繋がる方法を探さないでテレビを見続けていたら、年を追うごとに、ますます二人の関係は悪化するばかりです。

あるときフランスの『エル』という雑誌の女性記者がプラム・ヴィレッジにやって来て、ニュー・ハムレットの尼僧たちにインタビューしたことがありました。ある日、取材中にたまたま通りかかって、私がインタビューを受けることになりました。記者は私に瞑想とマインドフルネスの話をして欲しかったらしいのですが、急にそれとは違う瞑想修行について話してみたくなったのです。これが『エル』の読者に提案したトレーニングです。

今夜、食事が終わってご主人がテレビをつけたら、深く息を吸って、体と心を鎮め、ニコニコしてこう言ってください。「あなた、テレビを消してもいいかしら？　ちょっとお話ししたいことがあるの」優しい言葉でご主人に語りかけてください。少々戸惑いながら、また喧嘩腰で話が始まるのか——そんな雰囲気を察知して、ご主人はあなたの話を待っています。

夫がテレビを消すと、微笑みながら続けてください。「あなた、私たちどうして夫婦でいてしあわせでないのでしょう。なんの不自由もないのに。二人ともちゃんと収入があり、ステキな家もあり、貯金も十分にあるわ。それなのに、どうして私たちしあわせでないのかしら。ちょっとでいいから、二人で考えてみない？　初めはとてもうまくいったわ。とても幸せだった。あの頃のしあわせはどこに行ってしまったのかしら。一緒に考えて欲しいの。もっとうまくいく方法を二人で考えてみたいの」

これこそが瞑想です。本物の瞑想です。ふだんはただ相手を責めるだけですが、どんな関係でもトラブルが起きる時には責任は双方にあります。二人とも愛や幸福の育て方がわからないのです。苦しみをどのように扱ったらいいのか、どうしたら協力して苦しみを減らせるのか、ほとんどの人はその方法がわからないのです。『エル』の読者に尋ねたいのです。あなたの方から切り出して、二人の分かち合いを成功させる覚悟がありますかと。「私が間違っていたわ。二人の関係を壊して幸福を遠ざけるような考え方や話し方、行動をとっていたのは私でした」

人間関係の苦しさに気づいたら、自分に戻ってしっかりと見つめてみてください。自分の考え方、話し方、行動が、二人の関係がどこで傷つけあう方向に逸れたかが確認できたら、相手に「ごめんなさい」と謝ることができるのです。真心とマインドフルネスがあれば、新しくやり直す気持ちが伝えられるのです。

記者に説明した練修はどこの家庭でもできるのです。まずは、テレビを消して分かち合うことから始まります。感情的にならないで、二人の状況を一緒に深く見るのです。あなたの方から、こんな会話を切り出してみてください。

カップルが苦しみながら同じ方向を見るなら、テレビの方向であってはいけません。愛する人たちは平和の方向を見なければならないからです。みんなで互いの愛を育てる練修をしてください。私たちはみな愛をはぐくみ、私たち自身の、パートナーや友だちの、そして世界のなかの苦しみに対処できるように、たがいに助けあわなければなりません。きっとできるはずです。他者の苦しみが減れば、自身の幸せは大きく育ちます。

プラム・ヴィレッジのリトリートには、よく破局寸前のカップルがやってきます。リトリートに申し込むのが、彼らの最後の頼みなのです。五日から一週間のリトリートが終わると、いつも仲直りをするカップルが出てきて、みんなを幸せな気持ちにしてくれます。あなたとあなたのパートナーは愛しあうカップルです。相手の苦しみを少なくするように、夢を描き、考え、行動することができるのです。ひとたび幸せの育て方やあなた自身とパートナーの苦しみへの対処の仕方を知ったならば、それ以外の人たちを助けることへと、さらに進むことができるのです。これが同じ方向を見るということです。幸せを確かなものにし、大きく育てていくために。

沈黙のしらべ

音楽には「休符」という音を出さない間《ま》がありますね。音楽にこの休符という無音の間がなかったら曲は台無しです。沈黙の瞬間がない音楽は、混沌として強圧的になるでしょう。何も語らず友と静かに座ることは、音楽に休符が必要なように、とても大事で、得難いものです。友と分かちあう沈黙は、語り合うことをはるかに凌ぐ素晴らしい時間となるでしょう。

チン・コン・ソン(2)は、一九三九年生まれのベトナムのシンガー・ソング・ライターです。「ベトナムのボブ・ディラン」と呼ばれていました。二〇〇一年に他界したとき、何十万もの人が自発的に集まってきて、葬送のコンサートを開きました。それはホーチミン大統領の葬列に次いで、ベトナム史上最高の集客となりました。

チン・コン・ソンは、称賛や喝采の叫び声であっても、騒音というものに辟易していました。彼は沈黙の瞬間を慈しんで、こう書いています。「音楽の休止符のような佇まいの友だちがいます。それが安らぎ、自由、至福というものです。大して意味がないのに軽口をきく必要などないのです。そのままがいい。ただ自分を感じている、それが心地よいのです」チン・コン・ソンは、何も語らず、無言で、友のそばにただだとりとめもなく座り、友情に包まれて過ごす時間を愛しました。誰にもこんな友情が育つといいですね。

プラム・ヴィレッジでは、みんなが大きな霊的家族《スピリチュアル・ファミリー》の一員となって、坐る瞑想を楽しみます。坐禅中に話はしませんが、大抵の人が一人で坐るより数名でいっしょに坐禅をする方が楽しいといいます。静かにいっしょに坐ると、互いがそこにいるだけで育ち合うのです。

ベトナムの古い伝統音楽に「琵琶行(3)」という曲があって、琵琶を奏でながら、ある瞬間に演奏を止める女性の話が語られます。歌はこんなふうに語られます。「此時無声勝有声《トゥー・トイ・ヴォー・タン・タン・フー・タン》」この歌が言わんとすることは、琵琶の奏者が手を止めた瞬間、「無音は有音を凌駕する」あるいは「音が沈黙に服従する」のです。楽譜と楽譜の間のスペース（隙間）は極めてパワフルで、意味深いのです。いかなる音よりも雄弁です。沈黙は音よりさらに心地よく、さらに深淵です。チン・コン・ソンは同じことを感じていたのです。

アメリカ人の弟子の一人から聞いた話ですが、デイヴィッド・サンボーンというアメリカのサクソフォーン奏者も、私と同じような考えだったようです。仲間のサクソフォーン奏者のハンク・クロフォードと有名なトランペッターで作曲家のマイルス・デイヴィスの話の中で、サンボーンはこんなふうに語っています。「（ハンクは）音を出さない空白の間は、出した音と同じくらい重要だとわかっていたんだ。……マイルス・デイヴィスの演奏を実際に聴いたとき、私は……彼のシンプルさと空白の間（ぜんぶ音で埋めなくてもいいのだ）に引きつけられたんだ」。

アーナンダがつなぐ音楽

関係性とコミュニケーションもまたある種の音楽です。友とともに座れば、言葉はいりません。互いに理解しあい、互いに与えあう本物の存在を楽しむことができたら、それで十分です。ベトナム戦争のさなか、チン・コン・ソンの一番のなぐさめは、友と過ごす静かな時間でした。しかし、彼のように座る方法を知らないで、次から次へとお酒を飲みほして友と過ごしたら、あのような至福の時間は決して訪れないでしょう。

あるときインドで、ブッダが祇園精舎に滞在されたときのことです。二〇〇人の側近の僧たちが雨安居(4)の準備をしていました。そこへさらに三〇〇人の僧がカウシャーンビー(5)から到着しました。僧たちは再会の喜びを隠しきれず、大声で話に興じていました。この騒ぎを自室で聴いておられたブッダは、長老のシャーリプトラ(6)に尋ねました。

「あれはいったい何の騒ぎですか」

シャーリプトラは答えました。「カウシャーンビーから到着した僧たちです。大声で喋りながら再会を祝しているので、マインドフルネスの礼儀を忘れているのです。どうぞ、許してあげてください」

ブッダは言いました。「これからもあのように騒々しいならば、どこか他所に行ってもらいましょう。ここに止め置くわけにはいきません」ブッダは僧たちにもっと意識的で有効なエネルギーの使い方を教えたかったのです。

シャーリプトラは僧たちにブッダの言葉を告げました。僧たちは静まり、近くの森に移動して雨安居をすることになりました。この九〇日の間、僧たちはブッダの教えを守り、つまらないおしゃべりに興じることを慎みました。懸命にマインドフルネスと集中に取り組み、雨安居の終わる頃までには、かなりの変容を遂げるものも現れました。その変化は重厚で厳粛で崇高というよりも、むしろ、前よりもっと輝いて、生き生きとした微笑みの表情に変わっていたのです。

雨安居が終わると、他所に移動した僧たちがブッダのもとに戻ってきて、あの叱責の教えに感謝の意を表したいと申し出ました。知らせを聞いたシャーリプトラは、ブッダに伝えました。「尊師よ、僧たちが雨安居を終え、お礼を述べたいと参っております」ブッダは僧たちの入室を許し、合掌して迎えた。

夕刻の七時ごろでした。カウシャーンビーから来た三〇〇人ほどの僧団と二〇〇人の側近の僧侶たちが、大きな瞑想道場でブッダとともに坐りました。師と弟子が一堂に会し、午後の七時から真夜中までつづく沈黙の坐禅が始まりました。誰一人言葉を発する者はいませんでした。

アーナンダ[7]は、ブッダの侍者でしたが、ブッダのそばに近づいて、こう申し上げました。「尊師よ、もうそろそろ真夜中です。僧たちに何か語られることがおありでしょうか」ブッダは答えません。一堂は午前三時まで坐り続けました。無言で、です。侍者のアーナンダは、少しばかり当惑して、再びブッダのもとに進み出て、「はや時は三時です。僧たちに申し伝えることが何かございますか」しかしブッダはひたすら沈黙のうちに坐り続けるばかりでした。

朝の五時になり、アーナンダは再びブッダに申し上げました。「尊師よ、陽が昇りはじめました。僧たちに何か語られることはございませんか」

ブッダはついに口を開かれた。「私に何を語れというのです。師と弟子がともに、静かに、満ち足りてここに坐っている、これで十分ではないか」

互いの存在を見つめ、満ちたりて坐る。これにかなう喜びがあるでしょうか。この沈黙の体験は、いかなる音の世界にもまさる無限の価値をもつものでした。

沈黙に集う

人との関わりが途切れなく続く生活の中で、マインドフルネスがあれば、いつでもみずみずしい内なる孤独《ソリチュード》を汲み取ることができるのです。すでに述べたように、たった一人で森の奥の小屋で暮らせば、孤独《ソリチュード》になれるわけではないのです。孤独《ソリチュード》は文明から切り離されることではありません。これも確かにある種の霊的引きこもりではあるのですが。

真の孤独《ソリチュード》は
安定した心の賜物
群衆にさらわれることも
過去の悲しみ　未来の心配
現在の興奮やストレスに
奪われることもない

自分を見失わないとは、常にマインドフルネスとともに在ることです。マインドフルな呼吸で今この瞬間に戻ることは、一人一人の中にある静かで美しい島に避難（帰依）することです。

感情に溺れたり知覚にとらわれたりしなければ、他者と楽しく過ごすことができるし、また彼らを頼みとすることもできるのです。マインドフルに行動し、愛の言葉で語り、仕事を楽しむ人は、自分にもマインドフルネスの泉への帰還を思い出させてくれます。心乱れて落ち着かない人も同じように、マインドフルネスの鐘となります。努力して本当の自分につながり、それを自分や人に捧げることを思い出させてくれるからです。こうすれば、相手の人もあなたの存在の質に気づき、勇気づけられて、自分自身に戻ろうとするでしょう。

周りの人との時間を楽しみ、当惑せずに人と関わることができたら、いつでも、どこにいても、満足して穏やかな微笑と呼吸を楽しみ、自己の島に住むことができるでしょう。

日々の修行を支えてくれるコミュニティは、なくてはならないものです。ともに坐り、互いの苦しみを抱きしめる集合的なマインドフルネスのエネルギーがあれば、大河を流れる一滴の水のように、もっと安心できるのです。

互いに与えあうもっとも貴重なものは
いまここに在って
マインドフルネスと平和の
集合的エネルギーを贈ること

坐れない人のために坐り
歩けない人のために歩く
静寂と平和をもたない人のために
自らの内に静けさと平和を創ること

このような気持ちになれば、何もしないでも、心のしこりはひとりでにほどけていくでしょう。

自らを癒し、同時に世界を癒すことは本当に可能です。一歩一歩目覚め、一息一息に目覚めることが鍵となります。

集合的な習慣のエネルギーを育てる

集合的意識は有害な食べものにも、健全な食べものにもなります。思考と言動の集合的習慣も、健康的にも不健康にもなることができるのです。職場の同僚たち、あるいは家族や友人たちと、電話に出る前にマインドフルに呼吸をすることや、鐘や電話の音、時計のチャイム、サイレン、あるいは、頭上を飛ぶ飛行機の音が聞こえたら立ち止まって呼吸とともに耳を傾けることを約束し、ともに実行すれば、力強い集合的習慣となるのです。

集合的習慣は強力です。昔からの不健康な習慣を止めて、より良い方向に進むために、互いに助け会うことができるからです。一緒に考え事を止めて、呼吸に集中することができるのです。お互いに支えあって、静かに息を吸いながら入息に集中し、静かに息を吐きながら、出息に集中することができるのです。実際にやってみると意外に簡単ですが、効果は絶大です。みんなで考え事をやめて、気づきをもって一緒に呼吸すれば、バラバラの個人ではなくなり、喜びの集合体となります。バラバラの体の集まりとして行動するのではなく、超《スーパー》・有機生命体《オーガニズム》として行動するのです。個別の体からなる一つの共同体として行動すると、向上したエネルギーが作動し始めます。自分一人でマインドフルに呼吸して作りだすエネルギーよりも、はるかに強力な力が生まれます。

体をリラックスして、マインドフルネスと集中の集合的エネルギーを呼び込むと、癒しが始まります。挫折したとき、心と体を開いてマインドフルネスと集中の集合的エネルギーを取り込むと、深い癒しにつながります。

他者を育む

家族や地域の実践サークルにとどまらず、もっと大きな地域社会でも力強い癒しの沈黙を生み出す方法を学ぶことができます。学校の教師ならば、クラスの中でこの種の気高く新鮮な沈黙を育てる方法を知らなければなりません。ビジネスや地域社会のリーダーならば、会議や日々の仕事中にこの種の沈黙を提案できるでしょう。

一九九七年のインド訪問のとき、連邦議会の議長に立法府の会議に鐘の音を聞いて呼吸に戻り、微笑む練修を取り入れて欲しいと提案しました。会議の開催の前に、鐘を招いてマインドフルに呼吸してから会議を始めるという提案です。また議論が紛糾して人の声が聞こえなくなるとすぐに鐘を招いて、全員が話をやめてマインドフルな呼吸に戻り、落ち着いてから議論を再開することを薦めました。一〇日ののち、議長はそのように礼儀正しい国会運営を監督するための倫理委員会を設置しました。

生活の様々な活動で、このような沈黙のために、ちょっとしたゆとりの瞬間を切り取ることができたら、それだけで究極の自由まで自らを開いていくことができるのです。地位や名声を求めてあくせくする必要はありません。そこに幸福はないからです。今ここで幸福になり、この瞬間に平和と喜びに浸ることができるからです。生涯せわしなく動き続け、今、最後の二分間しか残っていないとしても、考え事をやめて、マインドフルな呼吸に戻って静寂と平和を見つけることはできるでしょう。しかし、今この瞬間に戻っていのちの奇跡を味わうのに、死の床に横たわるまで待つ必要などありません。

プラクティス――坐るために坐る

「座ってばかりいないで、さっさと動きなさい！」とよく急き立てられますが、マインドフルネスの練修は、逆になります。「動き回ってばかりいないで、ここに座りなさい！」

無為《ノン・アクション》こそが行動《アクション》です。ほとんど動いていないように見える人こそが、世界の幸福にとってもっとも大切な存在なのです。彼らの存在そのものが他者やいのちへの道しるべです。彼らにとって、無為は行為です。あなたも座り込んで何もしないでいたいと思うときがあるもしれませんが、いざ、そんなチャンスが訪れると、どうやってその時間を楽しんだらよいか途方にくれるかもしれません。

それは、私たちの社会が、概ね、目的達成型であるためなのです。現代人はいつも特別な目標をもって、ある方向を指して進む傾向があります。これに対して仏教では、「無願」(8)を啓発することに確かな敬意を表します。この教えは、自分の前に何かを置いてそれを追いかけてはいけない、すべてはあなたの内にあるから、というものです。坐禅もしかり。目的をもって坐ってはいけない。坐禅の一瞬一瞬が、あなたのいのちに触れる行為なのです。庭の水やり、歯磨き、皿洗い、何をしていても、「無願」で行なっているか、いつも確かめてください。

願いごとをする　目標をもつ
それは人の常

しかし　それを
今　ここで　幸せに生きるための
足かせにしないように

沈黙のうちに坐ることは、無為（無目的）の極致です。目的をもたず、無願の境地で、次のガイド付き瞑想を実践してください。この練修を続けて、自然に、さわやかに、どっかりと、透き通った、広々とした空間をあなたの中に養い育ててください。

息を吸いながら、　吸う息に気づく
息を吐きながら、　吐く息に気づく　　（吸う／吐く）
息を吸いながら、　私は花
息を吐きながら、　私は爽やか　　（花／爽やか）
息を吸いながら、　私は山

息を吐きながら、　私はゆるぎない　　　　　　　（山／ゆるぎない）

息を吸いながら、　私は静かな水面《みなも》

息を吐きながら、　あるがままに映しだす　　　（静かな水面／映しだす）

息を吸いながら、　私は空間

息を吐きながら、　私は自由　　　　　　　　　（空間／自由）

訳註

はじめに

(1)五種の音　この節に出てくる五つの音とは、法華経普門品第二十五（いわゆる観音経）で説かれる、妙音・観世音・梵音・海潮音・勝彼世間音のこと。

第2章

(1)阿頼耶識　仏教の唯識派は、あらゆる存在は人間の心が生みだす現象にすぎないと説き、その人間の心は、眼識・耳識・鼻識・舌識・身識という五感を表象する心（五識）と、意識（第六識）、そして潜在意識である末那識・阿頼耶識から成るとする。末那識は意識下において自己に執着しつづける働きをし、阿頼耶識はあらゆる現象の余韻を潜在的な原因（種子）としてためこんで、機が熟すれば、それらを新たな現象として発現させることによって自分の心と世界を構成しつづけるとされる。阿頼耶識は第八番目の識であることから「第八識」とも、また、現象の原因（種子）をためこむことから「蔵識」とも呼ばれる。

(2)四正勤　仏教では、悪を断ち、善を起こすための「正しい努力」を「正勤」という。四正勤とは、⑴すでに起こっている悪は断つように努め、⑵いまだ起こっていない悪は起こらないように努め、⑶いまだ起こっていない善は起こすように努め、⑷すでに起こっている善は大きくするように努める、という四つの努力のこと（『岩波仏教辞典』（岩波書店）を参照）。

第3章

（1）**正思惟**　八正道の一つ。八正道とは仏教において苦を滅するための八つの実践項目であり、正見（物事を正しく見ること）、正思惟（正しく考え、判断すること）、正語（正しく語ること）、正業（正しく行為すること）、正命（正しく生きること）、正精進（正しく努力すること）、正念（正しく気づいていること）、正定（正しく瞑想すること）である。

（2）**一黙如雷**（雷のごとき沈黙）　維摩経（維摩詰所説経）の入不二法門品第九において、「不二の法門に入るとはどういうことか」という問いに、維摩居士が沈黙をもって答えたことを文殊菩薩が絶賛し、後世、「維摩一黙如雷（維摩の一黙、雷の如し）」、あるいは「維摩一黙響如雷（維摩の一黙、響き雷の如し）」と言われるようになったことから生まれた成句。維摩一黙（Thich Nhat Hanh, *Thundering Silence: Sutra on Knowing the Better Way to Catch a Snake*, Parallax Press 2005,『岩波仏教辞典』（岩波書店）、『梵文和訳　維摩経』（春秋社）などを参照）。

（3）**薬王と呼ばれる……慈悲の菩薩です**　この節の記述は、法華経薬王菩薩本事品第二十三によっている。

第4章

(1)**正語**　八正道のひとつ。第3章註(1)参照。
(2)**ヴォー・ゴン・トン**(無言通)　七五九頃-八二六。中国は唐の時代に、広州の裕福な家に生まれた。長じて双林寺にて出家。のち百丈懐海のもとで修行。八二〇年頃にベトナムに赴き、建初寺に住まい、ベトナム禅宗無言通派の祖となった。
(3)**「天は何ごとも語らず」**　『論語』巻第九・陽貨第十七に出てくる孔子の言葉、「子曰、天何言哉、四時行焉、百物生焉、天何言哉」(先生は言われた、「天は何か言うだろうか、四季はめぐっているし、万物は成長している。天は何か言うだろうか」)に由来する(論語の引用は、金谷治訳注『論語』岩波文庫、一九六三年/改訳一九九九年より)。
(4)**松籟**　松の梢に吹く風の音。

第5章

(1)**フランス軍とベトミン軍の銃撃戦にさらされる毎日……**　一九四五年九月二日に日本が第二次世界大戦の降伏文書に調印すると、ベトナム独立同盟会(ベトミン)の主導によってベトナム民主共和国が独立を宣言。しかしベトナムの宗主国であったフランスはこれを認めず、両者による協議も一九四六年九月に決裂し、同年一二月から全面戦争となった。一九五四年までつづく第一次インドシナ戦争の始まりである。一九四七年はフランスが山岳地帯に猛攻をしかけた年でもあり、ベトナム全土で激しい戦闘がつづいていた。

第6章

(1)**自分の島**　ブッダ最後の教え「自洲法洲」。ブッダが死を目前にして侍者のアーナンダに「この世で自らを島とし、自らをたよりとして、他人をたよりとせず、法を島とし、法をよりどころとして、他のものをよりどころとせずにあれ」(『ブッダ最後の旅——大パリニッバーナ経』中村元訳、岩波文庫、六三頁)と述べたことに基づく。日本では中阿含経第三四巻世間経などに基づき、「自灯明、法灯明」として知られる(同前、二三一頁(訳註)を参照)。

(2)**ココナッツお坊さん**　本名、グエン・タン・ナム(Nguyễn Thành Nam　一九〇九–一九九〇)。

(3)**ナット・チ・マイ**(一枝梅)　一九三四–一九六七。ベトナムのタイニン省に生まれ、国立師範学校、サイゴン大学文学部、ヴァン・ハン仏教大学を卒業後、サイゴンの小学校教師となる。また青年奉仕団体に所属し、孤児たちを教えるとともに、ティク・ナット・ハンの「行動する仏教」の思想に共鳴し、接現《ティエプ・ヒエン》教団に帰依。一九六四年、ベトナム戦争に抗議してサイゴン市内で焼身。享年三三。

(4)**「過去を思って悩むなかれ、……」**　出典は長老経(大吉祥経とも。Saṃyutta Āgama(雑阿含経)1071. パーリ経典ではTheranāmo Sutta, Saṃyutta Nikāya(相応部)21. 10に相当する)。ティク・ナット・ハン『ブッダの〈今を生きる〉瞑想』(島田啓介訳、野草社)を参照。

第7章

（1）**「愛はお互いを見つめあうことにはなく、……」** 出典は、パイロットで冒険家でもあったサン＝テグジュペリ（一九〇〇―一九四四）が、アフリカの砂漠での過酷な経験やその土地の人々の生活から人間とは何かを探究したエッセイ集『人間の土地』（一九三九）。当該箇所を引用しておく。

ぼくら以外のところにあって、しかもぼくらのあいだに共通のある目的によって、兄弟たちと結ばれるとき、ぼくらははじめて楽に息がつける。また経験はぼくらに教えてくれる、愛するということは、おたがいに顔を見合うことではなくて、いっしょに同じ方向を見ることだと。ひと束ねの薪束の中に、いっしょに結ばれないかぎり、僚友はなく、同じ峰を目ざして到り着かないかぎり僚友はないわけだ。もしそうでなかったとしたら、現代のような万事に都合のよい世紀にあって、どうしてぼくらが、砂漠の中で、最後に残ったわずかばかりの食料を分かちあうことにあれほど深い喜びを感じただろうか？（『人間の土地』堀口大學訳、新潮文庫、二四三頁）

（2）**チン・コン・ソン**（鄭公山） 一九三九―二〇〇一。ベトナムの国民的作曲家、シンガー・ソング・ライター。サイゴン大学在学中に活動を開始し、多くの反戦歌を作曲。南ベトナム政府に発禁処分を受ける。ベトナム統一後も弾圧はつづき、音楽は発禁、身柄は強制収容所へ送られた。

その後一九八六年に、ドイモイ政策により彼の音楽は解禁された。

（3）**琵琶行**（テイ・バ・ハン）　唐の詩人・白居易（七七二－八四六）の長編詩。白居易が広州に左遷されたとき、舟の上で、いまは落魄しているが、かつては長安でも有数の妓女であった女の弾く琵琶を聴いた感懐を詩としたもの。本文引用箇所は、深い憂愁を湛えた琵琶の音が途切れたときの凄絶な印象を綴っている。

（4）**雨安居**　僧侶たちが九〇日間托鉢に出ずに、修行に専念する伝統。インドでは春から夏にかけての三か月間が雨季であり、このあいだ僧侶が遊行の生活をやめ、一か所に定住し、集団で修行したことに由来する。夏安居《げあんご》ともいう（『岩波仏教辞典』（岩波書店）を参照）。

（5）**カウシャーンビー**（サンスクリット読み。パーリ読みは「コーサンビー」）　紀元前七世紀頃から栄えた北インドの都市。ブッダの時代はヴァッサ国（パーリ読みは「ヴァンサ」国）の首都で、現在のウッタラ・プラデーシュ州コーサムにあたるとされる。

（6）**シャーリプトラ**（サンスクリット読み。パーリ読みは「サーリプッタ」。漢名「舎利弗」）　ブッダの弟子筆頭で、智慧第一と称される。

（7）**アーナンダ**（漢名「阿難」）　ブッダの十大弟子のひとりとされ、長らくブッダの侍者・従者を務めて、ブッダの教えをそばで一番多く聴いていたため、多聞第一と称される。

（8）**無願**　三解脱門（空・無相・無願）のひとつ。欲望を追求しない、欲望のままに行動しないことを指す。

川のように流れる——訳者あとがきにかえて

本書『沈黙——雑音まみれの世界のなかの静寂のちから』は、*Silence: The Power of Quiet in a World Full of Noise*（初版 New York: HarperOne, 2013. 底本は London: Rider, 2015）の全訳です。

著者のティク・ナット・ハン禅師（通称タイ＝先生）は、二〇一四年一一月、脳溢血で倒れられ、九五歳の現在は、長年の活動の中心地フランスのプラム・ヴィレッジから、タイ・プラム・ヴィレッジ（アジアの修行センター）を経て、ベトナムの慈孝寺に戻られ、弟子たちに囲まれて帰郷《ゴーイング・ホーム》の喜びの日々を送られています。

本書は二〇一三年から二〇一四年春にかけてのプラム・ヴィレッジでの法話などが元になっており、現在もインターネットで、発病直前の輝く笑顔のタイのインスピレーションに満ちた法話を拝聴することができます。本書は、世界で最も敬愛されるマインドフルネスの巨匠と謳われるタイの、西欧での五〇年を超える仏道指導のエッセンスが詰まった最新の作品といえるかもしれません。二〇一四年の大病で言葉を失われたタイは、この六年間、まさに泰然たる静寂の世界から、その存在と慈悲の眼差しで世界に光を放ち続けておられます。

*

タイは生涯、仏教を通して現代人にアート・オブ・マインドフル・リビングを伝えてこられました。日本語でアート〈芸術〉とは、「芸」=草切ること〈草木・種を植えること〉、「術」=魔法の力、道を学び修する技です。萌え出づる草のようないのちに戻る力、本来の豊かな人間の暮らしを生きる技・方法論がタイの「アート・オブ・マインドフル・リビング」であるように思われます。

一九二六年生まれのタイが生きてこられた二〇世紀の大部分は、第二次世界大戦（一九三九–一九四五）、フランスからの独立をめぐる第一次インドシナ戦争（一九四六–一九五四）と南北ベトナムの分断（一九五五）、苦渋に満ちたベトナム戦争（一九六〇–一九七五）、そして、その後の亡命生活で占められています。祖国ベトナムへの帰国が許されたのは二一世紀に入った二〇〇五年以降で、この半世紀アメリカ、ヨーロッパ、オーストラリア、アジアなど世界各地で、ブッダの教えを伝えてこられました。遊行僧のように世界各地でリトリートや法話を続けてこられたタイの教えの根幹が、このアート・オブ・マインドフル・リビングです。

私たちはこの一世紀あまり、人類が蓄積してきたヒューマニティ（滋味深い人間性・慈悲）と引き換えに、近代文明の効率性、利便性、物質的繁栄の恩恵に浴してきましたが、本書ではこのＩＴ時代にあって、人間の幸福、本当の豊かさとは何かを問い直して、新しい文明を打ち立てる方法が語られています。新しい文明とは、科学技術文明に守られて効率的に暮らすことではなく、自らのうちに沈黙・静寂という大伽藍（スペース）を築いて、自己を回復し、世界を再構築することです。

本書は、アート・オブ・マインドフル・リビングを自ら生きて世界に伝えてこられたタイの渾身のメッセージです。この地球という奇跡の惑星の美しさに感動しながら、呼吸と微笑みとマインドフルネス（正念）で生きることの「美しさ」を味わい育てることです。ブッダのように一歩一歩、大地を踏みしめて美しく歩くにはどうしたらよいか。その答えが本書の最終章の偈《げ》です。「あるがままに、爽やかに、揺るぎなく、透き通って、果てしなく」生きるための叡智がここにあります。自律性（呼吸）、いのちの輝き（花）、堅固さ（山）、透明性（水）、そして解き放たれた空間（自由）を生きるとき、平和で豊かな生を回復することができるのです。

息を吸い　果てしない空間になる
目論見《もくろみ》も　荷物もおろして
息を吐き　虚空をわたる
月となり　自由になる

（タイの詩「呼吸」の最終連。詩集 *Call Me By My True Names*, 1993 より）

＊

生きているものはみんなスペースを必要としています。生活の中、心の中に幸せになるための空間が必要です。私たちの内外の空間は今や騒音や雑音に占拠され、本当の我が家（自己の真の空間）が見えなくなっています。

本書のテーマは自己の内部の「聖なる空間」の回復です。その具体的な方法が「沈黙」です。私たちが本当に鎮まるとき、沈黙の甘美で果てしない空間を楽しむことができるのです。沈黙とはアタマのお喋りを止めること（内的撹乱の消滅）です。考え事を手放すと、私たちの真実の心という広大な空間が姿を現します（本書第3章「静寂の本質」）。

第1章では、私たちのアタマを占拠して内なる声をかき消す心のメカニズムが説かれます。私たちは口から食べる食物だけを消費しているのではなく、感覚的印象、意志作用、意識という四種類の食べ物を消費しています（四食《しじき》）。食べたもの、感じて知覚したもの、考えたこと、意識したこと、全てが今の自分を形成していくので、四食の消費の仕方いかんによって、私たちの心身の安定と幸福が決まるのです。

第2章では、NST（ノン・ストップ・シンキング）ラジオ局のスイッチを切り、自分の中の静かな空間に気づくという「沈黙から始めるマインドフルネスの練修」が提案されます。考え事をやめ、心を体に戻し、今ここに在ろうとする沈黙行は、ダイナミックで創造的な無為の利徳となり、心身の静寂、軽安《きょうあん》、安楽へと私たちを導いてくれます。

第4章、第5章では、沈黙の行動や意識の断食を通して、呼吸に戻り深く聴くことの意義が語られ、沈黙という聖なる次元に集中すること（我が家に戻ること）がいかに革命的行為であるかが諄々と説かれます。「八正道」「法華経」「華厳経」「唯識三十頌」などの大乗仏教の教えが誰にでもわかる平易な言葉で紐解かれています。

第6章では、沈黙によって顕在化する苦しみに光が当てられます。苦しみを癒す唯一の方法は、苦しみを苦しみと認め、抱きしめ、変容することです。タイはこのプロセスを「アート」と呼ばれます。苦しみは、美しいハスの花が泥の中で育つように、人間的成長になくてはならないものです。苦しみをこのように捉えなおすとき、癒しが始まります。習慣の強烈なエネルギー（習気《じっけ》）に流されずに、自己の「孤独」（ソリチュード）を生きることが深い苦しみの根から自由になる方法です。「孤独」とは今ここにしっかりと自分を確立することであり（一五二頁以下）、「癒し」とは、愛と相互依存（インタービーイング）への気づきを元にした慈悲の心で発せられるときにのみに起こることです。

最終の第7章は、自由がテーマです。何かを追いかけることをやめたとき、真の自由（自在なこころ）が生まれます。握りしめているものを手放し、知識、観念・概念を手放すとき、自由に、解き放たれて、あるがままに生きることのリアリティが醸成されるのです。

意識的呼吸、マインドフルネス、微笑みのトレーニングを重ねて、「深く聴き、止まる」ことができたら、理解（プラジュニャー・智慧・洞察）と慈悲（与楽《マイトリー》・抜苦《カルナー》）へと運ばれ、大きなつながりの海（インタービーイング・相即）に到着します。個々の存在は大河に浮かぶ一滴の水にすぎませんが、個は集合的に生きて支えあい、川のように流れ、やがて海に流れ着きます。人は生きるために他者を必要としますが、その他者への眼差しを可能にするのが沈黙の練修です。理解（般若の智慧）が大きなつながりの世界（空）に私たちを導くのです。

ついでながら、これが般若心経の空の教えですが、タイは発病直前の二〇一四年八月に、般若心経のタイトルを「彼岸へと渡るための智慧」（The Insight that Brings Us to the Other Shore）と改名し、長年誤解を招いてきたこの経典の英訳表現を改められました（『ティク・ナット・ハンの般若心経』（*The Other Shore: The New Translation of the Heart Sutra with Commentaries*, 2016）馬籠久美子訳、野草社、二〇一八年）。

「空」は「無」ではなく、「他から切り離され、独立した実体ではない」という意味です。これによって、この経典に込められたインタービーイング（相互依存）や無願などの般若波羅蜜の教えの真髄がはっきりと伝わるようになりました。この「空」の理解は、よく知られたタイの表現「一枚の紙に雲を見る」（一枚の紙は紙以外のすべてのものからできている）などで私たちが周知してきた解釈です。私は私以外の全てのものからできている。私と他者はそれぞれの独立した実体ではなく、分かれていないのです。

個々の存在はサンガ（人間のコミュニティ）に支えられています。一人一人が沈黙の練修によって自己を取り戻すとき、他者を育む力が生まれます。集合的習気を育てる超《スーパー》・有機的生命体《オーガニズム》の重要性が説かれます。「自らを癒し、同時に世界を癒すことは本当に可能です」（一八四頁）。

最終章のブッダの沈黙の瞑想の逸話では、仏教の究極の哲学が語られます。互いの存在を見つめ、満ち足りて坐ることこそが最高の喜びで、無限の価値を持つ（アーナンダがつなぐ音楽・第七章）。「無願《アプラニヒタ》」とは、「自分の前に何かを置いてそれを追いかけてはいけない」という教えです（一八八頁）。仏教の三解脱門の三番目です。

最終章でのタイから読者への贈り物は、無為・無願の偈です。この偈はタイの西欧での布教の最初期から現代まで変わらず使われるブッダの教えのエッセンス「目覚めて今ここに在ること」です。この偈はブッダの道を歩いてこられたタイの終始一貫したメッセージです。師はブッダの幸福への道を観念ではなく、誰もが口ずさみ楽しく実践できる具体的な日々のトレーニング（ガイド付き瞑想）として示されています。

＊

ナット・ハン師の地球仏教のあゆみは、ベトナムの苦悩、ひいては、敵国のアメリカの苦しみの歴史を外して語ることはできません。民族を二つに分けたベトナムの苦悩、その苦海を昇華した師の深い人間理解こそが、本書を語らせた原動力であったと言えるでしょう。

本書には、タイの忘れがたい体験や思索が随所に盛り込まれています。なかでも、祖国ベトナムの対フランス戦争（第一次インドシナ戦争）と対アメリカ戦争（ベトナム戦争）当時の体験は心に深く残ります。一九四七年のフランス兵との交友（報国《バオ・クオク》寺の沈黙の瞑想・第5章）、一九六〇年代の釈《ティク・》廣《クアン・》徳《ドック》師とタイの愛弟子ナット・チ・マイの戦争の終結を訴える焼身供養（第3章、第6章）などです。

ナット・チ・マイはインタービーイング教団の最初の六人の弟子の一人で、一九六六年、サイゴンの慈《トゥ・》厳《ニエム》寺で焼身供養を遂げました。

タイが龍《ロン・》永《ビン》寺院で一年間ともに過ごした高僧・釈廣徳師は、ゴ・ディン・ジエム圧政下のベトナムの苦境を世界に知らせるために、一九六三年、サイゴンのファンディンフン通りで焼身供養を遂げました。この身を焼くという行為は、野蛮で狂信的な自殺行為として世界中を震撼させました。ナット・ハン師はベトナム戦争中に書かれた世界のベストセラー『火の海の中の蓮華――ベトナムは告発する』（読売新聞社、一九六八年）で次のように述べています。

大乗仏教の得度式では、僧になろうとするものは、自分の体を一か所以上焼かなければなりません。それは二百五十の戒律を守り、僧としての生涯を送り、光明を見出し、あらゆる生き物の救済にいのちを捧げることを誓うためです。……自分の身を焼くことで、ベトナムの仏教はぜんぶの力と決意を持って、自分は人々を守るために最大限の苦痛にも耐えうるのだと言っているのです。……重要なことは、いのちを落とすことではなく、身を焼くことにあります。彼の真の目的は、自分の意思と決意を表明することであって、死ぬことではありません……焼身による意思表明は、破滅行為ではなく、建設的な行為の遂行、つまり人々のために苦しみ死ぬことです。（一九六五年六月一日、マーティン・ルーサー・キング牧師への手紙、上掲書一七一―一七二頁）

ベトナムの僧侶たちの身を焼く行為は、イエス・キリストの磔刑、ガンディーの命がけの断食と同じ愛の心から出た自己犠牲の行為だとナット・ハン師は書きました。ここに、智慧と慈悲をもって歴史的次元（迹門《しゃくもん》）から究極の次元（本門《ほんもん》）へと超えていったベトナム仏教の真髄を見る思いがします。

＊

ブッダが提示された幸福への道・教えは、苦を超えて「目覚めて今ここに在ること」です。本書において、ナット・ハン師はマインドフルネス（正念）の力をかりて、こころのなかに広やかで聖なる次元（スペース）を開く力が「沈黙の力」にあると力説しています。この遠大なテーマは傾聴にたる人類の幸福への道の第一歩となるでしょう。その方法論はかつてなかったほどに具体的かつ洞察力に満ちています。本書は大いなる「スペース（小宇宙）への旅」、果てしない「わが家への旅」へのいざないのように思われます。

＊

本作に取りかかった今年の五月、世界は新型コロナウイルスのパンデミックの危機に瀕していました。世界中の経済活動が停止し、誰もが得体の知れない不可視のウイルスの脅威に晒されました。人々は自粛生活に入り、世界が止まりました。タイのエピソードにあるように、ナイアガラの滝が凍りついて完全に止まったときの、生まれて初めて無音の音を体験した植物たちへのタイの感慨を思い出します。（「無音の音」、一〇頁）タイのこの洞察のように、私たちの世界の動きも止まりました。一〇〇年前のスペイン風邪の猛威のときとは比べようもないグローバル化とハイテクを極めた二一世紀が、初めて立ち止まったのです。私たちはウイルスによって止まることを余儀なくされたのですが、これによって私たちが生きているこの時代を、初めて、立ち止まり、鎮まって観るチャンスが与えられました。多くのウイルスの犠牲者に哀悼の意を表すとともに、ウイルスの蔓延によって深い気づきのタネが蒔かれたように思われます。沈黙・停止から何かが始まる予感です。本書の出版がこの未曾有の時代が進むべき方向への一助となることを願ってやみません。

本書の出版は、春秋社編集部の小林公二氏の本書への大きな期待によって実現しました。この場をかりて、心よりお礼申し上げます。また、プラム・ヴィレッジの日本人尼僧シスター・チャイからは、貴重な情報や助言をいただきました。心よりお礼申し上げます。

一九九五年にタイの『微笑みを生きる』（*Peace Is Every Step*）を出版して以来、今日まで二五年間、多くの方々の御支援によって、たくさんのタイのご著書を出版させていただきました。一九九五年の日本リトリートで六九歳のタイに初めてお会いしてから九五歳の今日まで、頂いた教えは訳者の人生の羅針盤、喜びの源泉となりました。故郷の慈孝寺で病気静養中のタイの平安をお祈りしつつ、仏教をシンプルに、わかりやすく、もっと庶民の手に届くものにしてくださったタイに、心より御礼を申し上げます。川のように海へと流れる一滴の水として。

二〇二〇年一〇月吉日
秋風の立つ生駒山麓にて

池田久代

著者略歴

ティク・ナット・ハン *Thich Nhat Hanh*

1926年、ベトナム中部生まれ。禅僧、平和・人権運動家、学者、詩人。世界的に知られた精神的指導者であり、その卓越した教えは全世界に影響を与えている。マインドフルネスの実践についての著作多数。多くがベストセラーになり、世界中の読者に広く読まれている。ニューヨークタイムズでは、ダライ・ラマに次ぐ西洋に大きな影響を与えている仏教界のリーダーと評されている。行動する仏教（エンゲージド・ブッディズム）」を提唱し、1966年にはワシントンDCでベトナム戦争終結の和平提案を行うが、戦闘中止を訴えたため、反逆者と見なされて帰国不能になる。以後40年、フランスで亡命生活を送る。マーチン・ルーサー・キングJr.牧師の推薦により、1967年度のノーベル平和賞の候補となる。1973年のパリ平和会議ではベトナム仏教徒主席代表を務めた。1982年、南フランスにプラムヴィレッジ・瞑想センター（Plum Village Practice Center）を設立。社会的活動を継続するとともに、その教えにひかれて集まる多くの人々への瞑想指導を始める。彼の精神的指導のもと、プラムヴィレッジは小規模な地方の農場から、西洋でもっとも大きく活動的な仏教僧院へと成長した。当地には200人を超える僧・尼僧が居住し、毎年世界各地から訪問者を多数受け入れている。ティク・ナット・ハンは、世界中で「応用仏教（Applied Buddhism）」の瞑想リトリートをリードし続け、その中には、教師、家族、ビジネスマン、政治家、科学者、心理療法家、警察官向け、またはイスラエル人とパレスチナ人共同のリトリートまで含まれる。2011年、カルフォルニアのグーグル本社での一日リトリートを指導した。2022年、逝去。しかしその教えは、書籍にとどまらず、多くのリトリートや法話の実況が、CDやDVDなどの媒体をはじめインターネットでも広く配信されている。

邦訳のある著書に『微笑みを生きる』『生けるブッダ、生けるキリスト』『禅への鍵』『禅への道』『小説ブッダ』『死もなく、怖れもなく』『法華経の省察』『〈気づき〉の奇跡』『イエスとブッダ』（春秋社）、『仏の教え ビーイング・ピース』（中公文庫）、『あなたに 平和が訪れる禅的生活のすすめ』『あなたに幸福が訪れる禅的生活のこころ』（アスペクト）、『Present Moment, Wonderful Moment』『怒り』『怖れ』『和解』『ブッダの幸せの瞑想』（サンガ）『リトリート——ブッダの瞑想の実践』『ブッダの〈呼吸〉の瞑想』『ブッダの〈気づき〉の瞑想』『ティク・ナット・ハンの般若心経』『私を本当の名前で呼んでください』（新泉社）『愛する』（河出書房新社）などがある。

訳者略歴

池田久代 *Hisayo Ikeda*

1949年、山口県に生まれる。1975年、同志社女子大学大学院文学研究科修士課程修了。2013年、奈良女子大学大学院人間文化研究科比較文化学博士課程満期退学。皇學館大学教授を長く務め、2015年3月に退職。2007-2009年、ハーヴァード大学客員研究員。著書に、『もっと知りたいニュージーランド』（共著、弘文堂）『ニュージーランドを知るための63章』（共著、明石書店）など。訳書に、ティク・ナット・ハン『微笑みを生きる』『生けるブッダ、生けるキリスト』『禅への道』『小説ブッダ』『死もなく、怖れもなく』『〈気づき〉の奇跡』『イエスとブッダ』（いずれも春秋社）など。

沈　　黙

雑音まみれの世界のなかの静寂のちから

2021年 4 月15日　第1刷発行
2023年10月 5 日　第3刷発行

著者――――ティク・ナット・ハン
訳者――――池田久代
発行者――――小林公二
発行所――――株式会社 春秋社
〒101-0021 東京都千代田区外神田 2-18-6
電話 03-3255-9611
振替 00180-6-24861
https://www.shunjusha.co.jp/
印刷・製本――――萩原印刷 株式会社
装丁――――芦澤泰偉

カバー表写真提供
プラム・ヴィレッジ
Copyright © Plum Village Community of Engaged Buddhism
カバー裏版画「Soundlessly」
リチャード・スタイナー（雅号：刀斎）

Printed in Japan, Shunjusha
ISBN978-4-393-33383-9
定価はカバー等に表示してあります